Gine Willrich

Mit Pferden arbeiten

Welches Pferd für welchen Zweck • Anspannen und ausbilden

Die Deutsche Bibliothek – CIP-Einheitsaufnahme

Gine Willrich
Mit Pferden arbeiten: Welches Pferd für welchen Zweck:
Anspannen und ausbilden / Gine Willrich. –
München ; Wien ; Zürich : BLV, 2000
   (BLV Pferdepraxis)
   ISBN 3-405-15514-2

Bildnachweis
B. Denger: S. 34
G. Deubzer: S. 28, 30
H. Gröner: S. 10, 14, 29, 76, 77, 87
M. Hoffmann: S. 72, 73, 102, 103
J. Keller: S. 107, 109
J. Kemmler: S. 101
F. Koch: S. 5, 20, 21, 23 (2) o., 27, 38, 40, 41, 46, 47, 51, 53, 54, 55, 56, 57, 58, 59, 60, 62, 63, 65, 66, 67, 69, 70, 71, 83, 92, 93, 98, 99
M. Lemke: S. 86
M. Modl: S. 35, 74, 78, 79, 94, 106, 108
R. Schumann: S. 19 o.
M. Schwöbel: S. 11, 13, 15, 17, 18
G. Willrich: S. 6, 7, 19 (2) u., 23 u., 24, 33, 43, 49, 50, 61, 64, 68, 80, 105

Umschlagfoto: Archiv Gine Willrich
Umschlaggestaltung: Werbeagentur Joko Sander, München
Layout und Satz: Kerstin Diacont
Herstellung: Manfred Sinicki

BLV Verlagsgesellschaft mbH München Wien Zürich
80797 München

© 2000 BLV Verlagsgesellschaft mbH, München

Das Werk einschließlich aller seiner Teile ist urheberrechtlich geschützt.
Jede Verwertung außerhalb der engen Grenzen des
Urheberrechtsgesetzes ist ohne Zustimmung des Verlages
unzulässig und strafbar. Das gilt insbesondere für Vervielfältigungen, Übersetzungen, Mikroverfilmungen und die Einspeicherung und Verarbeitung in elektronischen Systemen.

Gesamtherstellung: Neue Stalling, Oldenburg
Lithos: Lanarepro, Lana (Südtirol)
Gedruckt auf chlorfrei gebleichtem Papier

Printed in Germany · ISBN 3-405-15514-2

PFERDEPRAXIS

Gine Willrich

Mit Pferden arbeiten

Welches Pferd für welchen Zweck •
Anspannen und Ausbilden

BLV

1. INHALT

Seite 06 — Altes Können neu entdeckt

Seite 13 — Welches Pferd für welchen Zweck

Seite 20 — Temperament und Charakter

Seite 24 — Exterieurfragen

Seite 27 — Leichte Zugaufgaben für alle Pferde

Seite 38 — Einfache Zuggeräte

4

1. INHALT

Seite **46**

Wie lernt mein Pferd ziehen?

Seite **72** Leistungsgrenzen

Seite **78** Ausrüstung

Seite **98** Sicherheit

Seite **102** Veranstaltungen

Seite **106**

Adressen
Literatur

Seite **110**

Die ethischen Grundsätze

5

2. Mit Pferden arbeiten

Dreispänner im amerikanischen Arbeitsgeschirr im Freilichtmuseum Detmold.

2. MIT PFERDEN ARBEITEN

Altes Können neu entdeckt

Arbeiten mit Pferden

Den Einsatz des Pferdes als Zugtier kennt man vor allem aus alten Büchern und Erzählungen. Veranstaltungen rund ums Zugpferd zeigen meist Kaltblüter und schwanken zwischen Nostalgie und der Vorführung neuer Technik. Aber etwas zu ziehen, kann eine Aufgabe für alle Pferde sein, kleine wie große, Hobby- wie Sportpferde! Ziehen bringt Abwechslung, Allround-Sicherheit und Zuverlässigkeit.

2. MIT PFERDEN ARBEITEN

EINE AUFGABE FÜR'S PFERD

Als vor mehr als 2.000 Jahren das erste Pferd vor einen Wagen gespannt wurde, hat wohl niemand geahnt, welch wichtiger Schritt in der Menschheitsgeschichte damit getan war: Mensch und Pferd wurden im Verlauf der Jahrhunderte, ja Jahrtausende zu einer kulturgeschichtlichen Einheit – Handel und Mobilität, aber auch Krieg und Zerstörung erlangten mit der Nutzbarmachung des Pferdes eine völlig neue Dimension. Eindeutig hat der Mensch aus dieser Verbindung mehr Vorteile gezogen als das Pferd, das oft genug auf Schlachtfeldern verblutete, wenn der Mensch seine Macht und seine Besitztümer vergrößern oder gegen andere verteidigen wollte. Nicht selten wurde es gedemütigt, misshandelt und missachtet.

Die Erfindung des Rades...

...war die Voraussetzung für die intensive Nutzung des Pferdes als Zugtier.

Mit der „Erfindung" des Rades vor immerhin schon mindestens 3.500 Jahren (!) war der Grundstein für die intensive Nutzung des Pferdes als Zugtier gelegt. In

Achämenidischer Streitwagen, Ägypten 5.-4. Jahrhundert vor Christus.

2. Mit Pferden arbeiten

sumerischen Gräbern in den Tälern von Euphrat und Tigris fand man Hinweise auf Räder aus massivem Holz, die auf über 3.000 Jahre geschätzt werden. Erste Speichenräder wurden schon um 1.000 Jahre später in Mesopotamien verwendet. Die Vorzüge des Pferdes vor dem Streitwagen wurden bereits um 1.600 v. Chr. von den Ägyptern genutzt.

Mit der Weiterentwicklung des Handwerks – in Bezug auf Material, Verarbeitung etc. – und dem Sammeln von Erfahrungen entstanden mit der Zeit Zäumungen und Geschirre, die unseren heutigen oft gar nicht so unähnlich waren.

Vierrädrige Prunkwagen im Kampf, frühdynastisches Stein/Muschel-Mosaik, Ur, Südmesopotamien, 27. Jahrhundert vor Christus.

In der Landwirtschaft ...

...wird das Pferd erst seit etwa 200 Jahren sinnvoll genutzt!

Als Arbeitstier in der Landwirtschaft kann das Pferd erst seit etwa 200 Jahren effektiv eingesetzt werden. Davor wurden meist Ochsen für die Feldarbeit angespannt: Sie waren kostengünstiger in der Anschaffung und im Unterhalt und von ihrer psychischen und physischen Beschaffenheit her wesentlich besser geeignet für die eintönige und schwere Arbeit auf dem Feld als das Pferd.

Erst im 18. Jahrhundert lief das Pferd dem Rindvieh als Arbeitstier in der Landwirtschaft den Rang ab, als technische Neuerungen bei den Geräten höhere Anforderungen an Beweglichkeit und Auffassungsgabe des Zugtieres stellten. Es begann die gezielte Zucht schwerer Arbeitspferde: Kaltblutpferde, die noch bis weit über die Mitte des 20. Jahrhunderts hinaus den größten Teil der deutschen Pferdezucht ausmachten.

Ab den 60er Jahren war diese Epoche schon wieder vorbei: Die Maschinenkraft wurde insgesamt leistungsfähiger und mehr Menschen zugänglich, und so war das „Aus" für das Zugpferd abzusehen.

Zum Glück haben einige Liebhaber nicht nur die Kaltblutpferde vor dem Aussterben bewahrt, sondern auch das Wissen um die Arbeit mit dem Pferd, das Know-how.

Das Wissen...

...um die Arbeit mit Pferden muss gewahrt bleiben!

Seit Anfang der 80er Jahre interessieren sich immer mehr Menschen für diese Pferdeeinsätze. In der Forstwirtschaft schon lange als naturschonendste Art, den Wald zu bewirtschaften, vielerorts wieder eingeführt, wächst auch

2. Mit Pferden arbeiten

Der Einsatz des Pferdes in der Forstwirtschaft.

das Interesse an der landwirtschaftlichen Arbeit mit dem Pferd: Man erledigt – teils aus Überzeugung – in der Bio-Landwirtschaft im professionellen Teil- oder Allround-Einsatz, teils als angenehmer Freizeitausgleich nach der Hektik des Tages mit den Pferden Arbeiten, die in den meisten Fällen eine Maschine vielleicht schneller, bestimmt aber nicht besser machen könnte!

Warum macht man sich die Mühe, ein Pferd aus dem Stall zu holen, es zu putzen, anzuschirren usw., wenn man mit dem Trecker doch sofort loslegen könnte? *Weil ein Trecker eben doch nur eine Maschine ist*, die nicht sorgfältig mit den Lippen ein Möhre aus unserer Hand nimmt, weil ein Trecker sich nicht freut, wenn wir kommen, und weil er auch sonst *in keiner Weise emotional auf uns reagiert.*

Arbeiten mit Pferden...

...ist auch eine emotionale Bereicherung!

Arbeiten mit Pferden hat also etwas zu tun mit Empfindungen, mit sinnlicher Wahrnehmung und seelischer Bereicherung, zunächst in Bezug auf das Pferd, aber auch durch die intensive Erfahrung der Umwelt. Die mittelbare Erfah-

2. Mit Pferden arbeiten

Der Esel wird schon länger zum Arbeiten eingesetzt als das Pferd.

rung der Natur mit all ihren Erscheinungen wie Licht und Luft, wechselnden Temperaturen, Gerüchen und Geräuschen und vielem mehr verleiht schon dem Reiten und Fahren einen besonderen Reiz. Beim *Arbeiten* mit dem Pferd ist dies noch viel intensiver durch den *direkten* Kontakt zur Natur, denn man bewegt sich ja selbst am Boden. Auch der Kontakt zum Pferd ist noch einmal ein anderer, denn die Arbeit kann nur *gemeinsam* gelingen, man muss sich aufeinander einspielen und auch verlassen können. Beide brauchen Übung, und letztlich ist das Ergebnis der Arbeit genau überprüfbar. Gerade diese Überprüfbarkeit und die tatsächliche Sinnhaftigkeit (was nicht heißen soll, dass z. B. Reiten keinen Sinn macht ...) des Geleisteten geben dem Ganzen eine andere Wertigkeit.

Die Ruhe und Gelöstheit, die innere Zufriedenheit, das Eins-Sein mit sich und der Natur sind für viele das Schönste am Arbeiten mit Pferden. Diese Ruhe ist aber nur möglich bei entsprechend vernünftigen Arbeitsbedingungen und wenn man *wirklich Freude daran hat!*

2. Mit Pferden arbeiten

Nur wer wirklich...

...Freude daran empfindet, sollte mit lebendigen Wesen arbeiten!

Im Gegensatz zur Maschine reagiert das Pferd auf unsere Stimmungen. Ein Pferd setzt sich (hoffentlich) zur Wehr, wenn es ungerecht behandelt wird – und wer sich nicht beherrschen kann, sollte bei der Maschine bleiben. Dem Trecker ist unsere Laune nämlich völlig egal ...

Nahezu eine Million Menschen erfreuen sich in Deutschland des Umgangs mit den großen oder kleinen, zotteligen oder eleganten Vierbeinern der Gattung der Equiden, die kurz Pferd bzw. Pony genannt werden. Gut 400.000 davon tummeln sich auf Wiesen und Weiden oder stehen im Stall und warten in der Regel darauf, von ihrem Menschen gemocht, gefüttert, gepflegt und bewegt zu werden.

Unsere Pferde sind mit durchschnittlich ein bis eineinhalb Stunden täglich unter dem Sattel oder im Geschirr nicht annähernd ausgelastet. Wohl denen, die nicht jahrein – jahraus den Rest des Tages durch Boxengitter starren müssen, sondern sich stattdessen mit Artgenossen auf der Weide oder im Auslauf bewegen können. Unzufriedene, weil körperlich nicht ausgelastete Pferde können diverse Unarten entwickeln. Sie werden zickig, hampelig, unzuverlässig etc.

Das Gleiche gilt auch für den „Kopf": Pferde sind von Natur aus neugierig, an allem Möglichen interessiert und dankbar für jede Abwechslung. Geistig unterforderte Pferde stumpfen ab, werden teilnahmslos – oder sie denken sich selbst allerhand Unfug aus, um nicht zu verblöden ...

Etwas Neues ausprobieren

Viele Pferdeleute sind sehr am Wohl und Wehe ihrer Pferde interessiert und suchen nach Gelegenheiten, unkompliziert und ohne großen Aufwand mit ihren Vierbeinern einmal etwas Neues zu erleben, Unbekanntes auszuprobieren, andere Wege zu gehen, Abwechslung in den Alltag zu bringen. Viele Reitpferde oder Ponys werden deshalb auch zum Fahren angelernt. Das bietet für Mensch und Tier Abwechslung in mancherlei Hinsicht.

Durch die in wachsender Zahl angebotenen Veranstaltungen rund ums Zugpferd interessieren sich auch immer mehr Pferdeleute für die Zugarbeit. Ob aus reinem Spaß, Traditionspflege oder um konkret eine anfallende Arbeit mit dem Pferd zu bewältigen – immer mehr Pferdebesitzer bekommen Lust, es doch einmal selbst zu probieren.

Oft fehlt es jedoch an Wissen, was machbar und sinnvoll ist und wo die Grenzen liegen.

Ob Shetty oder Shire ...

Dieses Buch soll eine kleine Anleitung sein für alle, die mit ihrem Pferd die „Zieherei" einmal probieren wollen, ob mit Shetty oder Shire, Highlandpony oder Holsteiner. Es ist all denjenigen gewidmet, die ihrem Pferd und auch sich selbst mehr zutrauen, die wissbegierig und sich nicht zu schade sind, hinter dem Pferd herzugehen, schmutzige Schuhe zu bekommen und vielleicht ein paar blaue Flecke ...

3. Welches Pferd

Welches Pferd für welchen Zweck

Kleine Pferde –

kleine Lasten.

Große Pferde...

Wie beim Reiten muss man sich auch bei Zugaufgaben die Frage stellen, was man von seinem Pferd erwartet, was es bereits kann und wieweit man selbst bereits das gelernt hat, was man vom eigenen Pferd verlangt.

Shagya-Stute im Kutschgeschirr.

13

3. Welches Pferd

Kleine Pferde – kleine Lasten

Zunächst sollte man überlegen, welche rassetypischen Eigenschaften und äußeren Merkmale das Pferd hat. Mit einem hochblütigen Pferd muss man anders umgehen als mit einem gemütlichen „Dicken"... Außerdem müssen Pferd und Zuglast ebenso proportional zusammenpassen wie Pferd und Geschirr beispielsweise. Ein schlanker Araber sieht einfach komisch aus in einem schweren Arbeitsgeschirr!

Mit einem kleinen Pferd nimmt man sich selbstverständlich auch kleine Lasten vor, mit einem mittleren mittelschwere usw.

Pferd, Geschirr und Last...

...sollen – auch optisch – eine Einheit bilden

Wer einfach ausprobieren möchte, ob das eigene Pferd etwas zieht und nur spaßeshalber ein-

Im Geschirr.

3. Welches Pferd

mal etwas hinten anhängt, kann auch beim schweren Pferd eine dünnes Stämmchen einhängen. Möchte man sich später weiterqualifizieren, sollte schon darauf geachtet werden, *dass Pferd, Geschirr und Last in jeder Beziehung eine Einheit bilden.*

In guten Lehrbüchern über die Ausbildung von Reitpferden wird auch immer die Arbeit am Boden beschrieben: An der Doppellonge oder vom Boden aus gefahren, wird das Pferd mit der Zügelführung vertraut gemacht, gleichzeitig werden ihm Sicherheit und Selbstvertrauen vermittelt. Dem Fahren und Ziehen kommt also im weiteren Sinne eine größere Bedeutung zu, als manche glauben mögen. Mit etwas Glück hat man ein so am Boden ausgebildetes Pferd. Das spart nicht nur viel Arbeit – auch das Pferd ist oft froh, das früher Gelernte wieder einmal einsetzen zu dürfen!

Als Aufgabe,...

...die Vertrauen, Geist und Beweglichkeit fördert, ist Ziehen auch für Pferderassen sinnvoll, die im Geschirr eher Exoten sind!

Andalusier in der Dressur, vom Boden gefahren.

3. Welches Pferd

Andalusier im Kutschgeschirr wird zum Ziehen angelernt.

Dass manche Pferderassen eher angespannt werden als andere, hat sehr unterschiedliche Gründe: Besonders beim Kaltblüter, aber auch beim Haflinger und Norweger liegt es an der Leistungsstärke, der Gemütsruhe und der Tradition; Isländer, Araber, Criollos und andere Spezialrassen sind im Geschirr oft schlicht zu wenig bekannt. Manche denken auch, es sei Verschwendung, solche Pferde vor eine Last zu spannen. *Falsch: Verschwendung ist es nur, wenn man solche „Superpferde" lieber 20 Stunden im Stall stehen und sich langweilen lässt!*

Um herauszufinden, welche Art von Zugarbeit zum Pferd am besten passt und Mensch und Tier den meisten Spaß macht, sollte man einfach verschiedene Sachen in Ruhe ausprobieren!

Von Natur aus sind fast alle Pferde zugtauglich.

Die wenigen Pferde, die sich von Anfang an als völlig ungeeignet erweisen, sind so selten, dass man sie suchen muss. Natürlich können schlechte Behandlung und unangenehme Erfahrungen ein Pferd vom vertrauensvollen Ziehen abhalten, aber das kann man nur dem Menschen zum Vorwurf machen …

3. Welches Pferd

Friesenhengst wird eingefahren.

Wann kann es schwierig werden?

Hat man ein Pferd, das sehr scheu und „guckig" ist, das bei jedem Geräusch erschrickt und beim Anblick eines bunten Regenschirms regelmäßig in Panik gerät, sollte man vielleicht lieber auf die Zieherei verzichten, zumindest aber einen Fachmann um Rat fragen. Das Gleiche gilt für unberechenbare und unzuverlässige Pferde (die z. B. zehn Autos ruhig vorbeilassen und beim elften in die Luft gehen; die ohne Vorwarnung auf dem Absatz kehrtmachen oder losrasen und ähnliche Späße mehr). Auch schwierige Pferde können oft korrigiert werden, das ist aber keine Aufgabe für Laien.

Nervöse, zappelige Pferde, die zudem kitzelig sind und überempfindlich reagieren, sollten auf jeden Fall einem intensiven Training nach Linda Tellington-Jones unterzogen werden (TEAM-Arbeit*), bei dem ihnen mit dem Tellington-Touch und weiteren Übungen mehr Körpergefühl und -beherrschung vermittelt wird und das ihr Vertrauen zu sich und anderen stärkt.

*TEAM = Tellington-Jones-Equine-Awareness-Movement = Übungen nach der Tellington-Methode, die das Pferd sicherer und beweglicher machen

17

3. Welches Pferd

Deutsches Reitpony lernt die „Fahrschule vom Boden".

3. Welches Pferd

Gutes Training nutzt allen Pferden!

Da ein solches Training grundsätzlich für alle Pferde nur von Vorteil sein kann, stellt sich nicht die Frage, ob es sich lohnt, für gelegentliche Arbeitsaufgaben einen solchen Aufwand zu betreiben. Oben genannte Pferdetypen sind in der Regel auch unter dem Sattel nicht immer einfach und beim Ausreiten vielleicht sogar gefährlich. Nach einem guten TEAM-Training macht das Reiten mehr Freude, und man kann sich ja dann immer noch überlegen, ob man mit dem Pferd einmal ziehen möchte!

Kaltbluthengst bei der Leistungsprüfung.

Alte Pferde entwickeln nach dem TEAM-Training wieder neuen Lebensmut. Auch zum Ziehen lassen sich alte Pferde noch „überreden".

19

4. TEMPERAMENT UND CHARAKTER

Die Bedeutung

TEAM-Arbeit – nervöse Pferde können durch den T-Touch zur Ruhe kommen.

4. Temperament und Charakter

von Temperament und Charakter

In der Ruhe liegt die Kraft.

Charakter und Temperament sind bei einem Pferd, das ziehen soll, von fast noch größerer Bedeutung als Körperkraft und Exterieur. Denn was nützt das stärkste Pferd, wenn es „nicht richtig" im Kopf ist?

4. Temperament und Charakter

Temperament und Charakter

Anders als beim Reiten kann das Pferd bei der Zugarbeit nur mit der Leine und der Stimme geführt werden, die Hilfen und die Kontrolle über Schenkel und Gewicht fallen weg. Auch eine Bremse wie beim Wagen gibt es nicht. Wenn dazu noch bedacht wird, dass man oft *hinter dem Pferd* geht und die Leine etliche Meter lang sein kann, weiß man die Bedeutung von Eigenschaften wie Zuverlässigkeit und Gutmütigkeit bei seinem Pferd besonders zu schätzen.

Was versteht man unter Temperament?

Das **Temperament** umfasst die Einheit körperlicher, geistiger und seelischer Eigenschaften, an der die eingesetzte eigene Energie zur Bewältigung von Aufgaben, die Impulsivität, die Reaktionsschnelle u. Ä. gemessen werden. Temperament hat immer etwas mit Aktivität zu tun.

Ein temperamentvolles Pferd hat z. B. einen starken Vorwärtsdrang, der auch heftig werden kann, es ist arbeitsfreudig, in der Regel sehr aufmerksam, denkt gerne mit und setzt ebenso gerne seinen eigenen Willen durch. Es kann in der Arbeit manchmal anstrengend werden, weil es stärker kontrolliert und öfter mal die Dominanzfrage geklärt werden muss.

Temperamentvolle Pferde neigen dazu, sich in die Arbeit zu stürzen und dabei schnell zu verausgaben.

Wichtig ist beim temperamentvollen Pferd, Ruhe in die Arbeit zu bringen und auf unbedingte Disziplin zu achten. Durch Übungen und Geduldspiele aus dem Bodenparcours (vom Labyrinth bis zur Statue*) kann die Power unter Kontrolle gebracht werden, ohne dem Charakter zu schaden.
Ferner sollte die Fütterung überprüft werden: Eine Schaufel weniger Hafer hat schon Wunder gewirkt!

Temperamentlose Pferde sind als Zugpferde oft einfacher zu handhaben.

Ein temperamentloses Pferd wirkt eher extrem ausgeglichen und

siehe Ursula Bruns, Linda Tellington-Jones: Die Tellington-Methode: So erzieht man sein Pferd.

wenig aktiv (besonders in der Arbeit), was aber durchaus nicht mit einem Mangel an Intelligenz verbunden ist! Ganz im Gegenteil: Solche Pferde wissen oft ihre Kraft schonend einzusetzen und verausgaben sich nicht so schnell wie ein Pferd mit „Pep", das sich mit „Juchee!" in die Stränge stemmt und schon bald müde ist.
Für das sehr ruhige Pferd gibt es Übungen, um es wach zu machen: Trailarbeit und Körpermassage können neue Energien freisetzen, geistige Anregungen fördern nicht nur die intellektuelle, sondern auch die körperliche Beweglichkeit (siehe Ausbildung, S. 46 ff). Vielleicht kann auch durch Erhöhen der Kraftfutterration etwas mehr Schwung in den Laden gebracht werden ...

Über den Charakter

Neben dem Temperament ist auch der *Charakter* eines Pferdes sehr wichtig: Unter Charakter versteht man die Summe aller psychischen Eigenschaften.
Ein Pferd mit einem *guten Charakter* ist ehrlich, zuverlässig, vertrauensvoll, geradlinig.
Ein Pferd mit *schlechtem Charakter* ist unberechenbar, boshaft,

4. Temperament und Charakter

neigt zu unkontrollierten Reaktionen und dergleichen mehr.

Ungezogenheit, Disziplinlosigkeit und ganz besonders Ängstlichkeit und Unsicherheit sind jedoch auf keinen Fall mit schlechten Charaktereigenschaften gleichzusetzen!

Ein ausgeglichenes Temperament und ein guter Charakter sind optimale Voraussetzungen für die Zugarbeit und können oft genug körperliche Mängel ausgleichen. Was nützt das stärkste Pferd, wenn es „nicht richtig im Kopf" ist?!

Da die Bandbreite von Pferdepersönlichkeiten sehr groß ist, können natürlich viele Eigenschaften in allen möglichen Kombinationen zusammenkommen. Wichtig ist dabei, sich vor dem Anspannen die Frage zu stellen, *welches Temperament und welchen Charakter das eigene Pferd hat, um die Erwartungen an das Pferd richtig zu bemessen und die Ausbildung entsprechend aufzubauen.*

oben links: Anheben des Rückens, langsam und vorsichtig.
oben rechts: Kreisende Bewegungen des Beins verbessern das Körpergefühl.
rechts: Ein Pferd, das alles mitmacht und an allem interessiert ist – eine wichtige Voraussetzung.
Die Ausrüstung des Reiters ist trotzdem ein Sicherheitsrisiko.

23

5. EXTERIEUR

Exterieurfragen

Hauptsache gesund!

Leichte Zugarbeiten sind für alle Pferde geeignet, weil sie keine nennenswerte körperliche Belastung bedeuten. Auch nur bedingt reitbaren Pferden bietet sich hier oft ein neues Aufgabenfeld!

Hauptsache gesund und guter Laune.

5. Exterieur

Das Pferd, mit dem gearbeitet werden soll, muss natürlich gesund sein. Es darf nicht husten und schnupfen, nicht lahm gehen etc.

Körperliche Mängel wie Fehlstellungen der Hufe und andere Gebäudefehler beeinträchtigen die leichte Arbeit nicht, wohl aber sollte, wer später schwerer ziehen will oder regelmäßig fahren möchte, die Belastbarkeit eines solchen Pferdes ständig kontrollieren.

Gerade für Pferde, die nur begrenzt oder gar nicht reitbar sind, ist der Einsatz zum leichten Ziehen eine schöne Aufgabe, die auch solchen Pferden seelische und körperliche Auslastung bietet und ihr Selbstwertgefühl verbessert!

Das flache Rechteckpferd

Als optimal zum Ziehen wird das so genannte **„flache Rechteckpferd"** angesehen (nicht zu verwechseln mit dem langen Rechteckpferd, das durch die zu lange Rückenpartie wieder an Kraft verliert).
Anders als beim Reiten, wo ein längerer Rücken nicht so gerne gesehen wird, weil er zu sehr schwingt und auch die Belastung durch den Reiter nicht so gut aushält, kann ein längeres (aber nicht *zu* langes) Pferd beim Ziehen mehr Kräfte entwickeln als ein „Quadratpferd" oder ein „hohes Rechteckpferd".

Von der Länge der Linie vom Bug des Pferdes bis zur Last hängt unter anderem die optimale Kraftentfaltung ab. Je kürzer die Linie, desto besser die Kraftübertragung; wird die Linie allerdings *zu kurz* – wie bei hohen Rechteckpferden – kann die Kraft nicht ausreichend entfaltet werden. Ist die Linie *zu lang*, bleibt die Kraft im wahrsten Sinne auf der Strecke …
Um sich dies zu verdeutlichen, kann man selbst einmal eine Last (z. B. einen Autoreifen) ziehen. Hält man den Zugstrick sehr kurz und die Last knapp hinter sich, muss man sich mehr anstrengen, als wenn der Strick länger gelassen wird. Lässt man ihn wiederum sehr lang, muss man ebenfalls wieder mehr Kraft aufwenden!

Das **„hohe Rechteckpferd"** hat, wie man an der Zeichnung sehen kann, weit weniger natürliche Möglichkeiten, sich „ins Zeug zu legen", als sein langer Kollege. Von der Verlagerung des Schwerpunktes auf die Vorhand bis zum Grad des Einstemmens der

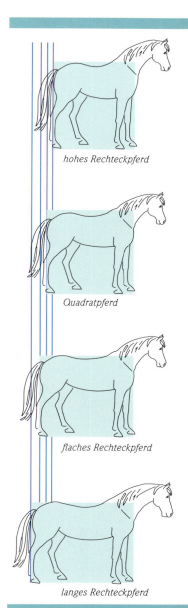

hohes Rechteckpferd

Quadratpferd

flaches Rechteckpferd

langes Rechteckpferd

5. EXTERIEUR

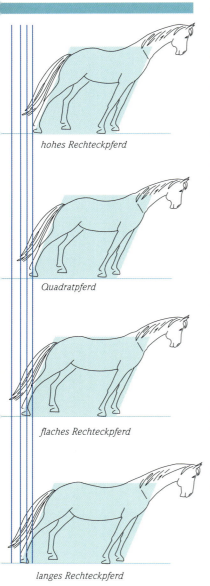

hohes Rechteckpferd

Quadratpferd

flaches Rechteckpferd

langes Rechteckpferd

Hinterhand in den Boden weicht der Grad der Kraftentfaltung stark vom flachen Rechteckpferd ab. Zum mittleren und schweren Zug wird dieser Typ entsprechend weniger gerne eingesetzt.

Das so genannte **„Quadratpferd"** eignet sich ebenfalls gut zum Ziehen. Der Kraftverlust durch die Proportionen im Vergleich zum langen und hohen Rechteckpferd ist geringfügig.

Die Hufe

Ohne Huf kein Pferd! Die Form und Stellung der Hufe sind für die leichte Zugarbeit jedoch ohne Bedeutung. Gepflegt müssen sie sein – aber das versteht sich ja von selbst.

Ob nach innen oder außen gedreht, ob mit ungünstiger Winkelung zum Fesselgelenk – all dies spielt erst bei größerer Belastung eine Rolle. Ob und wann dann z. B. ein orthopädischer Beschlag nötig ist, klärt eine Rücksprache mit dem Hufschmied. Für einige Runden Weideschleppen oder andere leichte Aufgaben muss man sich allerdings über mögliche Folgeschäden wegen mangelnden Hufbeschlags etc. wenig Gedanken machen.

Belastung für die Sehnen?

Da die Zugaufgaben fast ausschließlich auf weichem Boden geleistet werden, sind auch Beeinträchtigungen der Sehnen nicht zu befürchten (wenn man nicht im tiefsten Sand oder Ackerboden arbeitet).

Anders ist die Belastung beim Fahren, denn mit dem Kutschwagen bleibt man in der Regel auf der befestigten Straße, wo besonders im Trab die Gelenke gestaucht und auch die Sehnen in Mitleidenschaft gezogen werden können.

Man sieht also, dass leichte Zugaufgaben *für jedes Pferd machbar* sind und auch körperliche Beeinträchtigungen kein Hindernis darstellen!

6. ZUGAUFGABEN

Leichte Zugaufgaben für alle Pferde

Was zählt, ist die Freude an der Aufgabe.

Die bekanntesten leichten Zugaufgaben sind ohne großen Aufwand an Vorbereitung und Material machbar. Sie bringen nicht nur Spaß und Abwechslung in den Alltag, sie können auch durchaus mit einem praktischen Nutzen verbunden werden!

Reifen schleppen – immer der Anfang des Ziehens.

6. Zugaufgaben

Einfache Zugaufgaben

Reifen schleppen

Die einfachste und wohl auch bekannteste Zugaufgabe für Pferde ist das Reifenschleppen. Reifen sind überall umsonst zu haben, es gibt sie in allen Größen und Gewichtsklassen, und man kann sie problemlos an- und wieder abhängen. Sie sind ungefährlich, weil sie rund und aus Gummi sind, und das jeweils zu ziehende Gewicht kann simpel vergrößert werden, indem man einfach die Zahl der Reifen erhöht.

Zum ersten Ziehen und zum Lernen, den Zugwiderstand zu überwinden, hängt man – je nach Größe und Kraft des Pferdes – zunächst einen leichten Reifen hinter das Pferd. Dazu nimmt man eine kurze Kette, die um den Reifen gelegt und mit einem Karabiner zusammengehakt wird. Dies hängt man in das Ortscheit – und schon kann es losgehen. Zum Erhöhen des Gewichts kann man weitere Reifen entweder zusammen am Ortscheit befestigen oder hintereinander. Werden die Reifen hintereinander gezogen, muss man in den Kurven besonders aufpassen: Schnell gerät man mit den eigenen Füßen zwischen die Last!

Aus Autoreifen werden auch gerne „Weideschleppen" gebaut. Damit wird nach Ende der Weidesaison der Kot von den Tieren verteilt, damit er besser verrottet und keine so genannten Geilstellen (= überdüngte Stellen, die nicht abgefressen werden) entstehen, außerdem werden Maulwurfshügel und andere kleine Unebenheiten wieder geglättet. Den besten Effekt hat man mit einer Sechser-Konstellation der Reifen: drei – zwei – eins. Damit lassen sich natürlich nicht nur Weiden, sondern auch Reitplätze und -hallen schön planieren!

Um das Pferd an die Schleppe zu gewöhnen, wird die Belastung langsam gesteigert: erst ein Reifen, dann zwei, dann drei usw.

Auch auf sich selber achten!

Je größer die Schleppe wird, umso mehr muss man auch selbst aufpassen: Geht man hinter der Schleppe, hat man zwar den besten Überblick, aber einen ungeheuer langen Kommunikationsweg zum Pferd. Geht man neben der Schleppe oder neben

Arbeit an der Doppellonge als Vorbereitung auf leichte Zugaufgaben.

6. ZUGAUFGABEN

dem Pferd, muss man sich ständig umsehen, um das Arbeitsergebnis und die Position der Schleppe zu beobachten. Außerdem muss man darauf achten, nicht zu dicht an das Gerät heranzukommen, weil jeder Kontakt nicht nur blaue Flecken bringt, sondern auch wirklich gefährlich sein kann!

Zubehör

Soll ein Pferd eine Weideschleppe ziehen, muss es unbedingt mit einem richtigen Zuggeschirr versehen werden. Einen einfachen Reifen zu schleppen, strengt ein Pferd selten an, besonders nicht auf einer glatten Fläche wie z. B. einem Sandplatz. Eine komplette Schleppe auf unebenem Boden ist dagegen eine wesentlich stärkere Belastung für das Pferd, und eine Improvisation statt eines richtigen Geschirrs wird am Körper einschneiden und drücken und Schmerzen verursachen!

Als Leine empfiehlt sich eine lange Arbeitsleine, wenn man hinter der Schleppe hergehen will. Geht man daneben, reicht eine normal lange Fahrleine. Als Zugstränge sind Ketten zu empfehlen oder Seile mit Schutzüberzug.

Lerneffekt
▬▬▬ Körperliche Kondition und Muskelaufbau

▬▬▬ Auf Stimme und an der langen Leine gehen
▬▬▬ Konzentriertes Um- und Übertreten in den Biegungen

Eggen

Ähnlich wie mit der Weideschleppe lässt sich auch mit der Egge arbeiten. Großzinkige Metalleggen, meist mehrteilig, sind leicht zu bekommen. Sie bergen aber gerade für den Neueinsteiger einige Gefahren – vor allem ein erhöhtes Verletzungsrisiko für Mensch und Pferd durch die starren, scharfkantigen Teile.

Anspannung vor der Schleppe.

Bevor man mit dieser Art Egge arbeitet, sollte man unbedingt einige Erfahrungen mit der einfachen Weideschleppe gesammelt haben!

Wozu wird überhaupt geeggt? In unserem Falle nur, um den Boden gleichzeitig zu glätten und etwas aufzulockern oder um den Mist auf der Wiese besser zu verteilen.

Hierzu kann man sich **eine Egge selbst bauen.** Je nach Pferdegröße und -kraft und auch je nach Größe des Pferdeführers kann aus einfachen Holzstücken eine praktikable Egge „Marke Eigenbau"

6. ZUGAUFGABEN

entstehen (siehe auch „Einfache Zuggeräte", S. 41 ff.).
Diese Egge ist wesentlich leichter als die Reifenschleppe und eignet sich daher für kleine und alte Pferde. Außerdem ist sie wegen der geringen Größe und der weitgehend gefahrlosen Handhabung auch und gerade für die Benutzung von Kindern geeignet! Eine leichte Egge kann bedenkenlos mit einer Geschirrimprovisation oder am Sattelgurt befestigt gezogen werden!

Lerneffekt
- Auf Stimme und an der langen Leine gehen
- Leichte Arbeit erledigen
- Ruhiges und gleichmäßiges Gehen lernen

Eine leichte Stange ziehen.

Kleine Stämme ziehen

Etwas ganz anderes als das Schleppen ist das Ziehen von Stämmen. Obwohl richtiges Holzrücken noch um einiges schwieriger ist, kann man hier einen Vorgeschmack bekommen, was es heißt, mit Pferden riesige Bäume aus einem dichten Wald zu ziehen!
Aber uns geht es erst einmal darum, mit dem Pferd etwas Neues auszuprobieren, und nicht, schwere Lasten zu bewegen, um damit sein Brot zu verdienen ...

Es ist wichtig, ganz behutsam anzufangen und sich und dem Pferd die Arbeit zunächst möglichst leicht zu machen.

Einen Stamm oder eine Stange von ca. 4 m Länge zu ziehen, erfordert mehr Geschicklichkeit, als man zunächst meint. Auf gerader Strecke werden die meisten wenig Probleme haben, geht es aber um die Kurve oder in einen Slalom, hat man schon viele lustig hüpfen sehen, um die eigenen Beine vor dem ausschwenkenden Stamm in Sicherheit zu bringen! Ferner ist schon so mancher Gegenstand am Rande Opfer eines herumschwenkenden Stammes geworden ... Auch die Geschwindigkeit, mit der eine solche Last „die Seite wechselt", darf nicht unterschätzt werden!

Beim Ziehen leichter Stämme sind eher Geschicklichkeit und Konzentration gefragt als Körperkraft!

Man selbst geht seitlich vom Stamm oder Pferd und hat ständig den Weg, das Pferd und die Last im Blick.

Spannend wird es, wenn man sich Hindernisse baut, die zu durchfahren bzw. zu umfahren sind: Mit Hilfe von Fässern, Kegeln oder Reifen lassen sich wunderbare Aufgaben zusammenstellen. Allein ein Slalomweg bietet eine nicht nur für Anfänger anspruchsvolle Herausforderung, muss man doch genau überlegen, wie weit man

6. ZUGAUFGABEN

ausholen muss, um das Hindernis nicht anzurempeln!

Slalomziehen ist eine anspruchsvolle Aufgabe – nicht nur für Einsteiger!

Wer sich mit dem kurzen Stamm gut angefreundet hat, kann sich allmählich auch an einen längeren wagen. Hier darf man aber keinesfalls das Gewicht unterschätzen! Nasses Holz ist sehr schwer und ab einer gewissen Länge der Bäume machen einige Zentimeter mehr im Umfang auch etliches an Gewicht aus; generell müssen Bäume immer abgeastet sein. Die Bodenbeschaffenheit muss ebenfalls beachtet werden, um den Zugwiderstand nicht zu unterschätzen.

Später kann man aus dieser Übung auch einen praktischen Nutzen ziehen: Man kann Weidepfähle zu ihrem Platz schleppen, kleine Bäume aus dem Unterholz herausholen, einen abgeschmückten Weihnachtsbaum in den Auslauf ziehen und anderes mehr.

Das Pferd *über den Stamm* treten zu lassen erfordert viel Geduld und Disziplin

Bei größerer Geschicklichkeit und gutem Eingespieltsein kann man beginnen, das Pferd auch über den Stamm treten zu lassen.

Dazu benötigt man *einen schwereren Stamm, der sich nicht bei der kleinsten Berührung bewegt* wie z.B. eine Hindernisstange – und *viel Geduld*! Das vor dem Holz eingespannte Pferd wird gedreht, bis es in Stammrichtung sieht, geht dann auf den Stamm zu und ein bis zwei Schritte am Stamm entlang. Beim nächsten Schritt tritt es seitlich auf die andere Seite und geht dort ebenfalls ein bis zwei Schritte. Dann wechselt es wieder auf die erste

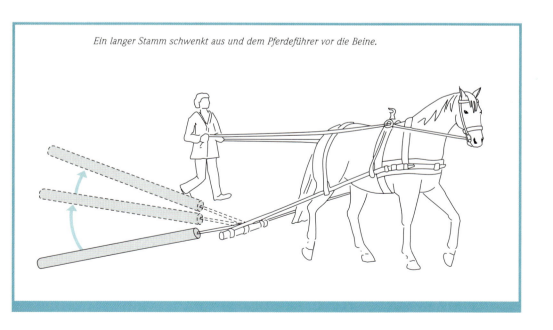

Ein langer Stamm schwenkt aus und dem Pferdeführer vor die Beine.

31

6. ZUGAUFGABEN

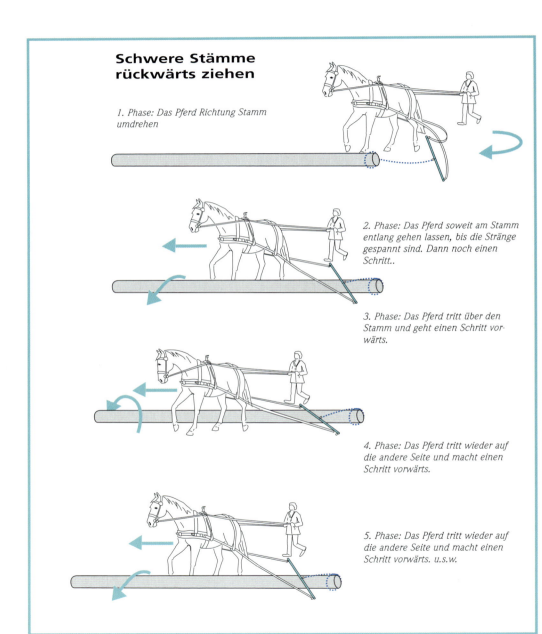

Schwere Stämme rückwärts ziehen

1. Phase: Das Pferd Richtung Stamm umdrehen

2. Phase: Das Pferd soweit am Stamm entlang gehen lassen, bis die Stränge gespannt sind. Dann noch einen Schritt..

3. Phase: Das Pferd tritt über den Stamm und geht einen Schritt vorwärts.

4. Phase: Das Pferd tritt wieder auf die andere Seite und macht einen Schritt vorwärts.

5. Phase: Das Pferd tritt wieder auf die andere Seite und macht einen Schritt vorwärts. u.s.w.

6. ZUGAUFGABEN

Seite, geht ein bis zwei Schritte usw. Auf diese Weise wird ein Stamm rückwärts geschoben!
Diese Aufgabe erfordert viel Übung und viel Disziplin. Das Pferd muss auf Kommando *sofort* stehen bleiben bzw. übertreten, sonst dreht sich der ganze Stamm! Am besten nimmt man anfangs eine Helferin dazu, die am Pferdekopf mitgeht.

Wettbewerbe im Geschicklichkeitsziehen

Bei manchen Veranstaltungen gibt es heute schon Wettbewerbe im Geschicklichkeitsziehen, wo es mehr auf Übung, Disziplin und eine gute Übereinstimmung von Pferd und Pferdeführer ankommt als auf die Schwere der Last. Es macht viel Spaß, nach guter Vorbereitung hier sein Können unter Beweis zu stellen („Zeigen, was man kann", S. 102ff.)!

Zubehör

Für eine einfache leichte Stange muss noch nicht unbedingt ein Geschirr für das Pferd verwendet werden, eine gute Improvisation oder die Befestigung am Sattel-

Pferd und Mensch müssen lernen.

6. ZUGAUFGABEN

gurt tut es hier auch. Spätestens aber, wenn das Gewicht größer wird oder man öfter als gelegentlich ziehen will, sollte ein einfaches Geschirr (Arbeitsgeschirr) angeschafft (oder ausgeliehen) werden. Als Stränge sind Ketten zu empfehlen. Eine einfache Fahrleine erfüllt ihren Zweck, wenn man nicht im dichten Wald arbeitet.

Lerneffekt

▬▬ Steigerung der Geschicklichkeit
▬▬ Festigung der Disziplin
▬▬ Verbesserung des Körperbewusstseins beim Pferd – genaue Platzierung der Füße
▬▬ Konzentrationsübung für Pferdeführer

Schlittenfahren

Ein wunderbares Vergnügen für Jung und Alt ist und bleibt das Schlittenfahren! Bei den ersten Schneeflocken eilt man bereits in den Keller, um den verstaubten Schlitten zu suchen und die Kufen zu fetten. Wer ein Pferd oder ein Pony besitzt, träumt davon, wie im Film dick eingemummelt mit bimmelnden Glöckchen am Geschirr durch die verschneite Landschaft zu traben. Nichts einfacher als das! Eine Fahrt mit dem alten Kinderschlitten ist vielleicht nicht ganz so elegant, macht aber bestimmt ebenso viel Spaß!

Immer vom Schlitten aus lenken und bremsen!

Der Kinderschlitten wird – grundsätzlich ohne Ortscheit! – an die Zugstränge gehängt. Gelenkt und gebremst wird, wie gehabt, mit

Schlittenfahren.

den Füßen seitlich vom Schlitten. Wird das Pferd vom Sattel aus kontrolliert, muss man darauf achten, dass die Mitfahrer ihre Füße nicht zum Pferd hin ausstrecken, weil sie dann a) im Notfall nicht rechtzeitig absprin-

6. ZUGAUFGABEN

gen können und b) der Schlitten auch in diesem Fall *nur von hinten* gelenkt und gebremst werden kann!

Niemals darf das Gefährt dem Pferd in die Hacken rauschen! Fahren nur Kinder mit, darf deshalb nicht zu viel Tempo gemacht werden, und Abfahrten sind in jedem Fall zu vermeiden! Wer sich nicht richtig festhält und sich nicht ausreichend in die Kurve legt, kann schnell mal „verloren gehen", was bei niedrigem Tempo nicht weiter schlimm ist und Kindern eher noch mehr Jux bereitet ...

Zubehör
Bei leichtem Gewicht reicht eine gut gepolsterte Improvisation anstelle eines Geschirrs. Auch eine Befestigung am Sattelgurt ist möglich.
Zugstränge können beliebig gewählt werden.

Lerneffekt
▬▬▬ Bewegung und Spaß für alle!

Skijöring

Ebenfalls sehr viel Freude macht das Skijöring – Skifahren hinter dem Pferd. Dieser Spaß ist allerdings nur etwas für diejenigen, die bereits sicher auf den Brettern stehen. Da hier das Vergnügen erst im höheren Tempo beginnt, braucht man schon Erfahrung, um sich im Gleichgewicht und das Pferd unter Kontrolle zu halten!

Skijöring ist außer auf Schnee auch auf Grasflächen, Sandbahnen u. Ä. (mit glatter Plastikunterseite bei den Skiern) möglich und damit nicht ausschließlich ein Wintervergnügen.
Ein Geschirr ist – will man das Pferd als Skifahrer selbst führen –

Skijöring.

35

6. ZUGAUFGABEN

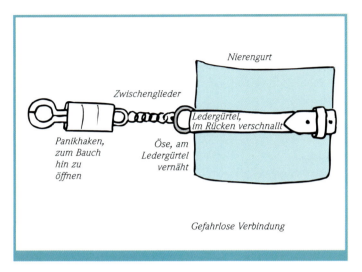

Gefahrlose Verbindung

Nierengurt, wie er zum Motorradfahren benutzt wird, erstehen und vom Sattler einen breiten Ledergürtel mit einer Öse und z. B. einem Panikhaken anfertigen lassen. Der Nierengurt polstert und schützt den Körper, der Ledergürtel sichert die Verbindung zum Pferd. Diese Lösung ist recht preiswert und auch sehr praktikabel!

Steht man dann auf den Brettern, kann im Notfall sofort der Panikhaken geöffnet werden. Selbst wenn man die Leine im Falle eines Sturzes festhält (was empfehlenswert ist), besteht nicht die Gefahr, dass man sich mit Zugsträngen und Pferd zu einem unauflösbaren Knäuel verwickelt. Die Zugstränge werden in den Haken am Bauchgurt eingehängt. Ein Ortscheit wird nicht benötigt.

Wird das Pferd vom Sattel aus kontrolliert, kann man als Skifahrer entweder ebenfalls einen Bauchgurt benutzen oder sich nur festhalten, etwa an einer Schlinge oder einer Stange am Ende der Stränge. Hier muss man abwägen, wie lange man fahren will und wie weit die Kraft zum Festhalten wohl reicht!

Für erfahrene Skijörer ist auch der Sprung über Schanzen kein Problem! Während das Pferd

hier ein Muss, weniger wegen des Zuggewichtes als vielmehr wegen der Sicherheit für den Menschen. Es darf nichts verrutschen oder sich lösen – Skiunfälle sind bekanntermaßen oft heimtückisch ...

Wie stelle ich eine gefahrlose Verbindung zwischen mir und dem Pferd her?

Drei Dinge sind dabei zu beachten:
- Die Verbindung muss augenblicklich zu lösen sein.
- Ich muss beide Hände frei haben für die Leine.
- Die Befestigung an meinem Körper darf nicht schmerzen. Wagemutige Konstruktionen wie einen um den Bauch geknoteten Strick o. Ä. sollte man also sofort vergessen.

Was sich allerdings eignet, sind beispielsweise Zubehörteile aus der Abteilung „Windsurfing". Die Bauchgurte sind der menschlichen Anatomie angepasst, weich und sicher, denn auch auf dem Wasser müssen sie manchen Stoß am Körper abfangen. Der Haken zum Befestigen muss etwas umgeändert werden, damit er nicht so weit vorsteht. Fällt man ins Wasser, stört er nicht weiter, aber bei einem Sturz auf dem Land kann der Widerstand beim Aufprall auf den Boden doch recht schmerzhaft sein!
Alternativ kann man auch einen

6. ZUGAUFGABEN

knapp an dem Hindernis vorbeigelenkt wird, manövriert sich der Fahrer auf die Schanze und saust im hohen Bogen durch die Luft hinter dem Pferd her. Solche schon fast akrobatischen Übungen sollte man als Anfänger aber lieber erstmal sein lassen ...

Zubehör
Skier und Skischuhe (sonst Gefahr des Knöchelbruchs!), Handschuhe, Bauchgurt und Sturzkappe.

Lerneffekt
Gleichgewichtsübung für den Skifahrer ... und eine Menge Spaß!

Indianische Trage

Ausgefallener ist die Verwendung einer indianischen Trage oder Schleppe.

Alle, die einmal Indianerbücher gelesen haben, kennen die vagen Beschreibungen dieses Transportmittels, das hierzulande kaum jemand gesehen und das in unseren Breitengraden auch nie nennenswerte Anwendung gefunden hat. Der Transport geht nur langsam vor sich und ist – je nach Gelände – recht holperig, aber wir wollen ja schließlich nicht auf diese Weise mit Hab und Gut umziehen, sondern „nur" etwas Neues lernen und ausprobieren ... Diese Aufgabe eignet sich auch vorzüglich für Vorführungen: beim Cowboy- und Indianerspielen zu Pferde, bei der Showeinlage mit gescheckten Indianerponys etc.

Dies waren nur einige Beispiele für einfache leichte Zuggeräte für Pferde. Wer sich mehr damit befasst, kommt bestimmt auf eigene Ideen und Verbesserungsmöglichkeiten, die den individuellen Bedingungen angepasst werden können!

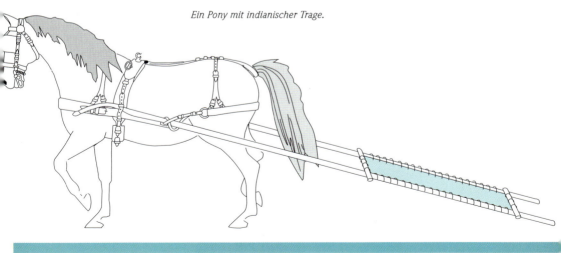

Ein Pony mit indianischer Trage.

7. Zuggeräte

Einfache Zuggeräte...

...Marke Eigenbau

Einige Zuggeräte kann man selbst ohne große handwerkliche Kenntnisse herstellen. Das ist nicht nur kostengünstig, sondern man kann sie auch dem Pferd genau anpassen und dem eigenen Geschmack entsprechend gestalten!

Ruhig mal selbst zupacken.

7. ZUGGERÄTE

Es gibt viele Möglichkeiten, Zuggeräte selbst herzustellen oder andere Gegenstände (z. B. Paletten) dazu zu verwenden. Hier wird eine kleine Auswahl vorgestellt. Das Wichtigste ist dabei, auf die Sicherheit zu achten! Alles, was am Pferd befestigt wird, muss schnellstens zu lösen sein, darf keine scharfen Kanten etc. haben und muss genau auf seine Haltbarkeit hin geprüft werden! Ein Zuggerät, das sich während der Arbeit in seine Bestandteile auflöst, ist eine Gefahr für Mensch und Pferd. Also lieber eine Schraube oder einen Riemen zu viel benutzen als zu wenig.

Bau einer Weideschleppe

Weideschleppen herzustellen ist recht einfach und preiswert. Aus den verschiedenen Möglichkeiten, die vom vorhandenen Material und den Vorlieben abhängen, wird im Folgenden eine vorgestellt:

Materialbedarf (Großpferd)

3 gleich grosse und schwere Reifen, ca. 14 mittlere und 4 stärkere Karabiner, 4 stärkere Haken (am besten Rundhaken), einige Meter Kunststoffseil sowie ein Rund- oder Kantholz von 12 bis 25 cm Durchmesser/Kantenlänge und etwa 3 m Gesamtlänge.

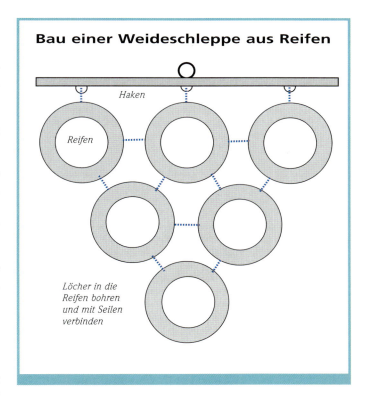

Bau einer Weideschleppe aus Reifen

Haken
Reifen
Löcher in die Reifen bohren und mit Seilen verbinden

Arbeitsanleitung

Man sucht sich drei Reifen, die von der Größe und vom Gewicht her zusammenpassen.

Mit einer Stichsäge mit einem Sägeblatt für Metall sägt man die Reifen mittig auseinander und legt sie in der Drei-zwei-eins-Kombination mit der geschlossenen Seite nach oben hin.

Mit Kreide markiert man die Stellen, an denen die Reifen aneinander befestigt werden sollen. Dann nimmt man ein scharfes Messer (oder einen dicken Bohrer in der Bohrmaschine) und schneidet (bohrt) etwa 2 cm große Löcher an die markierten Stellen. Aus stark belastbarem, unverrottbarem Seil zieht man Schlaufen durch diese Löcher und knotet sie fest.

Danach werden der Abstand zwischen den einzelnen Reifen gemessen und entsprechend

7. Zuggeräte

Der Reifen als Grundlage für einfache Geräte.

lange Zwischenstücke aus Seil erstellt, an deren Enden jeweils Karabinerhaken befestigt werden. Hakt man alle Teile zusammen, hat man die komplette Schleppe.

Möchte man nur die Dreier- oder die Fünfer-Kombination benutzen oder die Schleppe transportieren, hakt man sie einfach auseinander. Auch zum Lagern braucht man so weniger Platz. Es empfiehlt sich, die Reifen in ihrer Reihenfolge zu markieren (z. B. mit buntem Klebeband: Reifen 1 mit einem Streifen, Reifen 2 mit zwei usw.). Das spart beim Wiederzusammenbauen Zeit und Nerven, weil man in den Regel nach einer längeren Pause die Reihenfolge vergessen hat ...

Das lange Holz wird auf die Breite der oberen Reihe der Reifen zurechtgesägt und plan davor gelegt.
Zu den Reifen hin werden die Stellen markiert, an denen sie am Holz befestigt werden sollen, zum Pferd hin die Mitte ausgemessen und ebenfalls gekennzeichnet. Dort werden jetzt die Haken eingeschraubt. Verwendet man Rundhaken, muss man darauf achten, sie so weit als möglich in das Holz zu drehen, damit nichts an der offenen Seite hängen bleibt. Mit Seilschlingen und Karabinern werden nun die Reifen an das Holz gehängt. Das Ortscheit wird mit einem Karabiner (wenn es keinen offenen Haken hat) eingehängt – fertig!

Spaßeshalber sollte man die fertige Schleppe einmal selbst ziehen. Dann weiß man, welches Gewicht dahinter steckt und wie hoch der Zugwiderstand ist!

Bau einer leichten Egge aus Holz

Der Bau einer Egge ist einfach und auch für ungeübte Handwerker kein Problem. Mit Säge und Bohrmaschine bewaffnet, kann man in kürzester Zeit ein nettes Zuggerät herstellen. Gerade

7. ZUGGERÄTE

für sehr kleine Pferde und Ponys ist es oft schwierig, Zuggeräte zu bekommen, und Pferde, die körperlich nicht sehr belastbar sind, aber dennoch etwas zu tun brauchen, spannt man besser vor so ein leichtes Gerät als vor eine komplette Weideschleppe.

Material (Shetty)*

Ca. 2 m Rundholz (mindestens 5 cm Durchmesser), 4 bis 8 rechtwinklige Flacheisen, Metallband, Schrauben, 10er-Holzdübel, Holzleim, ca. 30 cm. stabiles Seil, eine Öse (ca. 5 cm).

Für andere Ponys sind die Maße entsprechend zu vergrößern. Für Großpferde sind diese Eggen in der Regel zu leicht, aber schaden können sie auf keinen Fall.

Arbeitsanleitung

Zum Bau einer leichen Egge (z. B. für Shettys und andere große Kleine) aus Holz werden vier Rundhölzer in einem Rechteck zusammengeschraubt (z. B. 50 x 100 oder 60 x 80 cm). Kanthölzer eignen sich weniger, weil sie angesammelte Erde und Gras etc. zu einem Wall verdichtet vor sich herschieben und damit den Zugwiderstand erhöhen. Das Zusammenschrauben erfolgt mit Flacheisen, die über Eck aufgesetzt und zur Stabilisierung noch mit einem Holzdübel o. Ä. über Eck versehen werden. In diesen Rahmen werden – ebenfalls runde – Querstreben gesetzt und mit Flacheisen oder Streifen von Metallband befestigt.

Auf die Unterseiten wurden vorher im Abstand von ca. 15 cm Bohrlöcher gesetzt, in die jetzt mit Holzleim bestrichene Holzdübel eingesetzt werden. Sie sollen (wie ein Weidezaunpfahl) zu maximal zwei Dritteln herausstehen. Ordentlich festgeklopft, sitzen sie bombenfest. An der Frontseite wird eine Befestigung für das Ortscheit angebracht (eine festgezogene Schlinge reicht hier völlig aus) – und fertig ist die Egge!

Vorbereitung von Stämmen zum Zug

Stämme ziehen und *Holzrücken* sind zwei Paar Schuhe, zwar vom gleichen Schuster, aber in verschiedenen Größen ...

Das Ziehen kleiner Stämme oder Stangen ist dennoch die Vorübung für Größeres, wenn man

Fertig ist die leichte Egge. (Bauanleitung siehe nächste Seite)

41

7. Zuggeräte

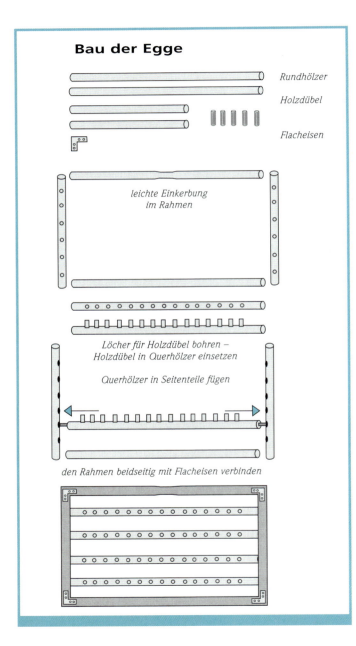

Gefallen an dieser Art von Arbeit findet. Allerdings sind die Übungsbedingungen nicht überall optimal – nicht jeder hat einen ziehbaren Stamm zur Verfügung, nicht in jeder Reitbahn kann man mit 10 oder 15 m langen Bäumen trainieren.

Eine unproblematisch durchführbare Übung kann mit überall vorhandenen Hindernisstangen praktiziert werden. Man räumt sie hinterher einfach wieder an ihren Platz, statt sich um die Entsorgung bzw. Verwertung des Brennholzes aus dem Wald kümmern zu müssen!

Materialbedarf
1 Stange oder 1 kleiner Stamm von 3 bis 4 m Länge, 1 mittlere Krampe, 1 Kette von ca. 1,5 m Länge mit Haken, 2 mittlere Karabiner

Arbeitsanleitung
Man kann als ersten „Stamm" eine Hindernisstange o. Ä. nehmen. Diese ist in der Regel 3,5 bis 4 m lang, glatt gehobelt und hat kein großes Eigengewicht. Die einfachste Möglichkeit der Befestigung ist es, eine dicke Krampe in ein Ende zu schlagen (nicht in die Schnittseite, die ist meist nachgiebig) und dort mit dem ersten Karabiner eine kurze Kette einzuhängen, die dann – mit dem

7. ZUGGERÄTE

zweiten Karabiner – am Ortscheit befestigt wird. Weil die Stangen sehr glatt sind, hält dort keine Kette, die einfach nur umgelegt wird!

Zieht man später größere Stämme, braucht man eine Kette mit einem offenen Haken an dem einen Ende, um den Stamm am Ortscheit zu befestigen. Diese wird um den Stamm geschlungen (dickes Ende zum Pferd) und eingehakt. Der Abstand zwischen Stammende und Ortscheit sollte nicht viel größer als 0,5 m sein (eher weniger!).

Bau eines Doppelschlittens

Eine Variante des einfachen Kinderschlittens ist der Doppelschlitten, den man aus zwei kleinen Schlitten und einer stabilen Palette zusammenbauen kann.

Materialbedarf

2 gleich große Schlitten, 1 passende Palette, stabile Stricke, 2 kurze Ketten mit Karabinerhaken, ein paar Wolldecken oder Felle zum Wärmen und Polstern.

Bauanleitung

Ein Schlitten kommt rechts, einer links und die Palette obendrauf! Mit den Stricken wird das Ganze gut festgebunden!
Um die äußeren dicken Träger der Palette (siehe Abbildung) werden die kurzen Ketten gelegt und zusammengehakt. Hier hängt man

Doppelschlitten an Geschirrimpovisation. Vorsicht! Die Füße nicht zum Pferd hin ausstrecken!

43

7. Zuggeräte

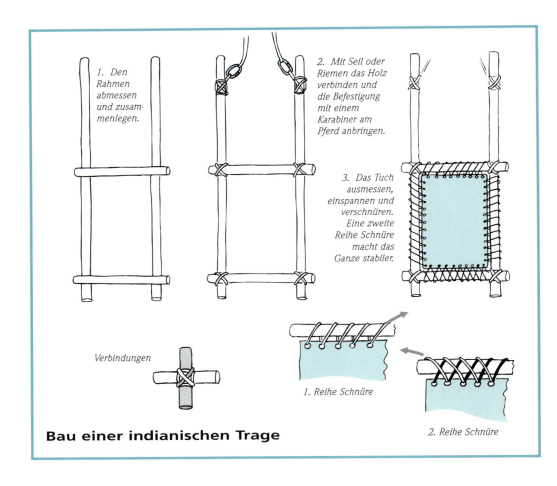

1. Den Rahmen abmessen und zusammenlegen.

2. Mit Seil oder Riemen das Holz verbinden und die Befestigung mit einem Karabiner am Pferd anbringen.

3. Das Tuch ausmessen, einspannen und verschnüren. Eine zweite Reihe Schnüre macht das Ganze stabiler.

Verbindungen

1. Reihe Schnüre

2. Reihe Schnüre

Bau einer indianischen Trage

dann die Zugstränge ein. Der Schlitten wird noch mit Wolldecken oder Schaffellen ausstaffiert, und schon kann die Tour losgehen!
Da hier das Lenken und Bremsen schwieriger ist, empfiehlt sich höheres Tempo nur auf gerader, übersichtlicher Strecke. Überhaupt ist mit einem Pferdegespann ein starker Trab die schnellste Gangart! Wenn man bedenkt, dass Pferde den Schnee lieben und immer sehr aufgekratzt sind, wenn sie im Schnee laufen dürfen, kann man sich vorstellen, wie schnell ein Galopp außer Kontrolle gerät ...

Herstellung einer „indianischen Trage"

Die Größe der Trage ist natürlich dem Pferd anzupassen. Bevor man mehr Geld ausgibt für eine vorzeigbare Ausführung, sollte man vielleicht erst einen billigen

7. Zuggeräte

"Prototyp" herstellen, um Bauerfahrung zu sammeln, und nicht unnötig Material zu vergeuden.

Materialbedarf
2 lange Stangen, etwa doppelt so lang wie das Pferd (vom Bug bis zum Ende der Pobacke), Durchmesser ca. 8 cm (je nachdem, welches Holz verwendet wird und wie groß das Pferd ist), 2 kurze Stangen, deren Länge der Pferdebreite entspricht plus ca. 10 cm Zugabe (je nach Größe und Breite des Pferdes), Durchmesser wie oben; reißfestes etwas dickeres Seil, 2 glatte Riemen, 2 Karabiner, stabiler Stoff, z. B. Segeltuch.

Arbeitsanleitung
Mit einer Feile (oder Schleifmaschine) rundet man zunächst sämtliche Schnittstellen und störende Unebenheiten an den Stangen sorgfältig ab.

Die langen Stangen hält man an das Pferd und markiert mit Kreide die Stelle, an der sie am Sattel bzw. am Geschirr befestigt werden. Danach misst man ab, wo die obere Querverstrebung angebracht wird (Richtmaß: die Länge von der Flanke zur Pobacke x mind. 1). Die beiden langen Stangen werden nun parallel auf den Boden gelegt, die erste Querstange an die gekennzeichnete Stelle, die zweite etwa 20 bis 30 cm über dem Boden.

Mit dem Seil (die Indianer haben nasse Lederriemen benutzt, die sich beim Trocknen fest zusammenziehen) werden die Teile verbunden. Man wickelt es über Kreuz mal um die eine, dann um die andere Stange und zieht es immer sehr fest (siehe Abbildung). Der Rahmen ist nun fertig.
Zur Sicherheit können – wie bei dem Ortscheit aus Holz (siehe „Zubehör", S. 89) – die Verbindungsstellen mit der Feile leicht eingekerbt werden, um das Abrutschen des Seils zu verhindern. Natürlich müssen die Knoten sehr fest gezogen werden.

Dann schneidet man das Tuch zu, das in den Rahmen gespannt werden soll. Hier gibt es zwei Möglichkeiten: Es wird um den Rahmen geschlagen und wieder am Tuch selbst befestigt, oder es wird in den Rahmen hineingezogen. Haltbarer ist die zweite Version, da das Tuch auf dem Holz durchscheuern kann und dann schlecht zu flicken ist. In beiden Fällen hat es sich als vorteilhaft erwiesen, in das Tuch Ösen einarbeiten zu lassen, damit es nicht ausreißt. Das macht der Schuster oder der Sattler, man kann aber auch Ösen im Geschäft kaufen und es selbst versuchen!

Bei Variante 2 wird das Tuch mit dem Seil in den Rahmen gezogen, indem man Schlingen um die Stange legt, das Seil durch eine Öse zieht, wieder eine Schlinge macht, wieder durch eine Öse zieht usw. (siehe Abbildung). Sicherer ist es, noch eine zweite Reihe in die andere Richtung zu ziehen, so dass man am Ende die Schlingen rundum über Kreuz hat.

Achtung: Der Stoff darf nicht zu stramm gespannt werden, sonst hat man eine Rutsche statt einer Trage!

Am Pferd werden die Stangen mit den Riemen und Karabinern befestigt: Man zieht den Riemen durch den Karabiner und wickelt dann den Riemen an der gekennzeichneten Stelle um die Stange. Den Karabiner kann man am Sattel oder Geschirr ein- und – notfalls – schnell wieder aushaken.

Falls man Kinder (die meist hellauf begeistert sind) mit der Schleppe transportieren möchte, sollte man rechts und links an den Stangen weiche Stricke o. Ä. anbringen, an denen man sich zur Not festhalten kann.

8. Grundausbildung

Jetzt kann „gefahren" werden.

46

8. Grundausbildung

Wie lernt mein Pferd ziehen

Grundausbildung des „Zug"-Pferdes in 7 Schritten.

Arbeiten mit Pferden macht nur Freude, wenn das Verhältnis zwischen Mensch und Pferd stimmt, die Verständigung klappt und beide einander vertrauen können. Eine solide Ausbildung zum „Zug"-Pferd ist in einfachen Schritten möglich und auch für Laien gut zu lernen.

8. GRUNDAUSBILDUNG

GRUNDAUSBILDUNG

Ein gut erzogenes Pferd oder Pony sollte auf einfache Stimmsignale prompt reagieren: Anhalten bei „Steh!" (oder „Haaalt!", „Brrrr!" etc.), antreten bei „Scheeeritt!" oder „Vorwärts!" usw..

Für Zug- und Fahrpferde sind Stimmkommandos besonders wichtig, weil sie ja zum einen nicht erst anhalten sollen, wenn man die Leine annimmt, sondern schon vor der ganzen Parade zum Stehen kommen sollen, und zum anderen die Schenkel- und Gewichtshilfen wegfallen. Wichtig ist, immer die selben Kommandos zu benutzen, also nicht einmal „Ho!", beim nächsten Mal „Steh!" und beim dritten Mal „Stop!".

Wenn das Pferd noch nicht ausreichend auf die Stimme reagiert, fängt man beim Training unbedingt damit an.

Warum erst so viel Aufwand, wo man doch einfach nur „ein bisschen ziehen" möchte? Weil unschöne Bilder von in den Seilen (Leinen) hängenden Menschen, die mit ihren in den Boden gestemmten Absätzen den Platz umpflügen und sich die Seele aus dem Leib brüllen, vielfachen Schaden anrichten: bei der Arbeit mit Pferden als solcher (Vorbildfunktion!), beim Pferd durch den rüden Umgang und bei einem selbst, weil es a) gefährlich ist und b) schlichtweg den Spaß verdirbt!

Auf Stimme reagierende Pferde brauchen nur wenig Leineneinwirkung. **Jeder harte Griff in die Leine quält das Pferdemaul und macht das Pferd unwillig bis maultot**. Und gerade am Anfang ist man froh, wenn man sich auf etwas anderes konzentrieren kann, als das Pferd ständig mit der Leine „bei der Stange" zu halten.

Ausbildung nach der Tellington-Methode

Für die Grundausbildung an der Hand eignet sich unter anderem die Tellington-Methode ausgezeichnet*. Dieses System von Berührungen (Touches) des Pferdes, Erziehungsweisen und Lernaufgaben fördert beim Tier Körperbewusstsein, Vertrauen und Selbstvertrauen, Selbständigkeit und Flexibilität. Ausgangsbasis ist die Erfahrung, dass durch ungewohnte körperliche und geistige Anreize konventionelle, festgefahrene Verhaltensmuster und Reaktionsweisen durchbrochen werden, die Lernfähigkeit des Pferdes wird aktiviert und erweitert. Im Reitwesen hat sich diese Methode bereits sehr weit durch-

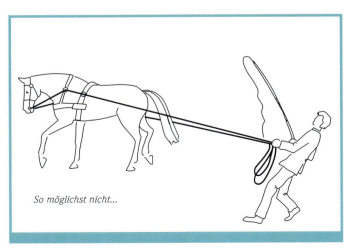

So möglichst nicht...

*siehe Bruns/Tellington-Jones: Die Tellington-Methode.

8. GRUNDAUSBILDUNG

gesetzt, für Fahr- und Zugpferde ist sie leider noch recht unbekannt.

Diese Umgehensweise mit Pferden verfügt aber noch über weitere Vorteile: Sie ist mit etwas Anleitung von jedem Laien durchzuführen, passt in jede Alltagspraxis, weil man sie nach seinen individuellen Bedingungen gestalten kann, und sie ist wenig aufwendig!

Doch nicht nur für die Tiere, auch für die Menschen ist diese Ausbildungsmethode eine Bereicherung: Viele Pferdeleute, die mit ihren Pferden nach der Tellington-Methode arbeiten, erzählen, dass sie selbst sich dabei verändert haben – sie sind konzentrierter geworden, beobachten ihr Pferd viel genauer und nehmen generell ihre Umwelt aufmerksamer und differenzierter wahr.

Ca. 20 bis 25 Minuten je Lerneinheit reichen aus.

Beginnt man mit dieser Ausbildung, muss man im Hinterkopf behalten, dass auch erwachsene Pferde sich nicht lange konzentrieren können! Eine Arbeitseinheit sollte nicht länger als 15 bis 20 Minuten dauern, es sei denn, man legt nach jeder gelungenen Aufgabe eine Pause ein, in der das Pferd z. B. grasen darf.

8. GRUNDAUSBILDUNG

In den Reifen treten fördert die Huf-Augen-Koordination.

Man fängt immer mit einer einfachen Übung an. Jede neue Situation ist für das Pferd eine geistige Anstrengung, und es muss anschließend immer Zeit zugestanden bekommen, die neue Aufgabe mental zu verarbeiten!

Jede Übung wird höchstens drei- bis viermal wiederholt (Pferde langweilen sich ebenso schnell, wie sie für Neues zu „begeistern" sind!), insgesamt sollte eine Arbeitseinheit selten mehr als vielleicht drei bis fünf Aufgaben umfassen – je nach Alter und „Vorbildung" des Pferdes.

Mit leichten Aufgaben beginnen und nicht mehr als höchstens fünf Aufgaben pro Lerneinheit!

Die ersten Übungen sind natürlich leicht und dürfen nicht mehr als zwei oder drei Aufgaben umfassen. Beherrscht das Pferd die Lektion, kann man mit etwas Neuem beginnen.

Es schadet nicht, eine Aufgabe abzubrechen, wenn man den Eindruck hat, das Pferd sei überfordert. Eine anschließend erfolgreich ausgeführte einfache Aufgabe lässt es schnell vergessen, dass es etwas nicht geschafft hat. Das Pferd als Herdentier ist auf das Wohlwollen des Leittieres (und das sind in diesem Fall wir!) angewiesen. Zeigen wir in einer solchen Situation Ungeduld oder gar Ärger, fühlt es sich allein gelassen und sein (Selbst-)Vertrauen sinkt. Also sorgfältig darauf achten, Überforderung nicht mit Ungezogenheit zu verwechseln!

Immer auf beiden Händen arbeiten.

Nicht nur wegen der Verbesserung von Balance und Biegsamkeit muss das Pferd immer auf beiden Händen gearbeitet werden (also von rechts und von links) – gerade wenn man mit dem Pferd arbeitet, also ziehen will, muss man immer mal wieder die Seite wechseln, mal auf dieser, mal auf jener neben dem Pferd hergehen!

Pferde lieben Abwechslung, und verschiedene Schwierigkeitsgrade beim Training fördern Motivation

8. Grundausbildung

Die Führkette von links eingezogen und ein Sicherheitsstrick.

und Aufmerksamkeit. Auch alte Pferde-"Hasen" im Trailparcours brauchen zwischen schwierigen Hindernissen immer einfache, bei denen sie mühelose Erfolgserlebnisse haben!

Was braucht man für die Ausbildung am Boden?

Ein gut sitzendes Halfter aus Nylon oder Leder, eine Führkette und eine lange feste Gerte sind zunächst alles, was man an Zubehör für das Pferd benötigt.

Für die Arbeit auf der linken Hand wird die Führkette durch den seitlichen Halfterring unten links von außen nach innen gezogen. Dann legt man die Kette einmal von unten nach oben um den Nasenriemen des Halfters und führt sie zum gegenüberliegenden Halfterring, wo man sie von innen nach außen durchzieht. Die Kette sollte auf der Nasenmitte auf dem Halfter liegen, denn das Nasenbein ist empfindlich! Der Karabiner wird oben rechts am Halfterring eingehakt, der „Nippel" zeigt nach außen, weil er sonst auf der Wange drückt.
Für die Arbeit auf der rechten Hand legt man die Kette entsprechend andersherum an.

Ist zu erwarten, dass das Pferd herumspringt, heftig wird o. Ä., muss man es zusätzlich am normalen Halfterstrick führen. Ein

51

8. Grundausbildung

zwangsweise erfolgendes Reißen an der Kette, wenn das Pferd plötzlich losstürmt, ist schmerzhaft und eine sehr unangenehme Erfahrung. Und dies ist ja genau das Gegenteil von dem, was wir erreichen wollen: *ein vertrauensvolles Pferd*, das auf *feine Signale*, auf ein *leichtes Zupfen* an der Kette reagiert!

Ein Pferd, das allein vielleicht nicht zu halten ist, kann man auch zu zweit von beiden Seiten führen: Dazu legt man die Ketten von links und von rechts übereinander ‚und je eine Person geht auf jeder Seite am Kopf mit.

Wie führt man ein Pferd mit Kette und Gerte?

Man stellt sich an den Kopf des Pferdes und beobachtet es ständig aus dem Augenwinkel heraus. Die Hand nimmt man halb hoch und leicht zurück Richtung Pferdehals; das verhindert, dass man instinktiv nach unten zieht oder sich an der Kette festklammert, wenn das Pferd mal eine „falsche" Bewegung macht.

Mit einem leichten, kurzen Zupfen an der Kette macht man es aufmerksam und erinnert es, wenn es abschalten will, daran, dass hier Konzentration angesagt ist!

Die Gerte nimmt man in der Mitte und hält sie waagerecht in der äußeren Hand mit dem Knauf nach vorn. So kann man einfach die Richtung weisen, indem man die Gerte (immer noch auf der linken Hand) gut einen halben Meter vor die Pferdenase hält. Da ist nur der Weg nach rechts frei, und das Pferd biegt fast automatisch rechts ab.

Zum Anhalten tippt man dem Pferd gleichzeitig mit dem Stimmkommando mit der Gerte vor die Brust oder, wenn dies nicht ausreicht, auf die Nase.

Bevor man nach dieser Methode mit dem Pferd arbeitet, ist es äußerst aufschlussreich und empfehlenswert, wenn man das Zupfen an der Kette und das Tippen mit der Gerte zunächst an sich selbst ausprobiert!

Man legt dazu die Kette z. B. über den Unterarm und zupft in verschiedenen Stärken, die Gerte kann man gut am eigenen Oberschenkel ausprobieren ... So bekommt man ein besseres Gespür für die eigene Körperkraft und -reaktion.

Es ist sehr hilfreich, wenn einem anfangs jemand mit Erfahrung beratend (und nötigenfalls korri-

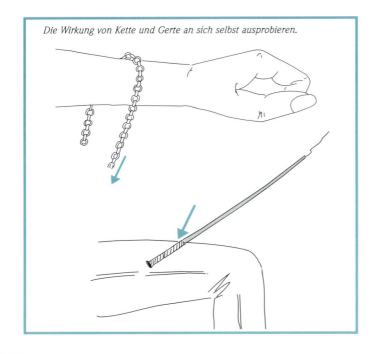

Die Wirkung von Kette und Gerte an sich selbst ausprobieren.

8. Grundausbildung

Ruhig stehenbleiben im Durchgang.

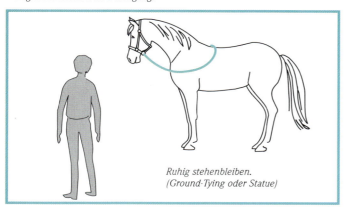

Ruhig stehenbleiben. (Ground-Tying oder Statue)

gierend) zur Seite steht, denn der richtige Umgang mit Gerte und Kette will erst gelernt sein!

Die Arbeit am Boden

Als Erstes lernt das Pferd, auf Stimme vorwärts zu gehen und anzuhalten. Geht es nicht auf Aufforderung los, tickt eine Helferin es mit einer Gerte an der Hinterhand an. Man geht dann rechts und links herum, macht Hufschlagfiguren etc. und hält immer mal wieder an, um sich und das Pferd in der neuen Aufgabe zu üben. Beide lernen dies in der Regel sehr schnell.

Bei einem Pferd, das ziehen soll, ist es enorm wichtig, dass es allein ruhig stehen bleibt.

Egal, ob man beim Einspannen ist, die Länge der Zugstränge verstellen muss oder etwas an der Last richten – ein Pferd, das dabei hin und her tritt oder gar unaufgefordert losmarschiert, ist nicht nur lästig, sondern auch sehr gefährlich!

Ruhig stehenbleiben

In der Tellington-Methode heißt diese Übung die „Statue". Das Pferd bleibt dabei unbeweglich und entspannt stehen, während man selbst sich entfernt. Im Film

53

8. GRUNDAUSBILDUNG

bei Westernpferden viel bewundert, für routinierte Fahrpferde eine Selbstverständlichkeit – bei den meisten Reitpferden aber leider eine selten angetroffene Disziplin.
Dabei lernt ein Pferd dies recht einfach und schnell, wenn man nur konsequent dabeibleibt!

Wie geht man vor?
Das Pferd wird angehalten. Man fasst die Führkette am äußersten Ende und tritt ein Stück zurück bzw. zur Seite. Bewegt sich das Pferd mit, wird es wieder an die alte Stelle zurückgeführt.
Man entfernt sich immer weiter vom Pferd, lässt schließlich die Kette los, geht um es herum. Man kann das Pferd dabei mit der Hand berühren, bei größer werdendem Abstand mit dem verlängerten Arm, der Gerte. Das gibt dem Pferd mehr Sicherheit.
Allmählich vergrößert man die Entfernung. Wird das Zurückführen in die Ausgangsposition wirklich konsequent und ruhig wiederholt, wenn das Pferde mit- oder fortgehen will, begreift es schnell, was man von ihm verlangt!

Arbeit im Trailparcours

Manche werden diese Art von Arbeit etwas ulkig oder albern finden, denn man absolviert die Übungen mit dem Pferd gemeinsam, beugt sich mit hinab zum Hindernis, hebt demonstrativ die Beine beim Übersteigen von Stangen etc.
Wer sich hierüber lustig macht, hat vergessen (oder nie gewusst),

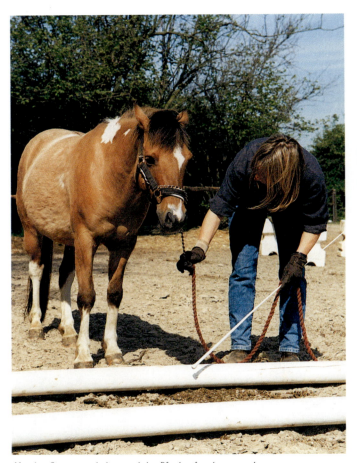

Vor den Stangen anhalten und das Pferd aufmerksam machen.

dass Pferde sehr viel durch Nachahmung lernen!
Sie gucken sich nicht nur von Artgenossen Verhaltens- und Reaktionsweisen ab, sondern auch von ihrer menschlichen Bezugsperson!

8. Grundausbildung

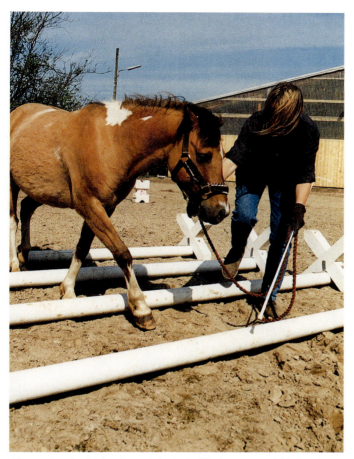

Konzentriert aber leicht misstrauisch tritt das Pferd zum ersten Mal über die Stangen.

Ein paar Stangen, eine Plane, Eimer oder Reifen ...

Für den Bodenparcours benötigt man zunächst einige Stangen (3 bis 4 m lang), eine Plane, ein paar Plastiksäcke sowie ein paar alte Autoreifen, Eimer o. Ä.

Für die erste Übung legt man vier Stangen parallel zueinander auf den Boden, der Abstand muss der Schrittlänge des Pferdes angepasst werden.

Vor dem Hindernis hält man das Pferd an und macht es durch Zupfen an der Kette und Klopfen mit der Gerte auf die Stangen aufmerksam. Auf Kommando tritt es dann an und geht mit uns über die Stangen.

Es soll den Kopf dabei senken, damit es das „Hindernis" bewusst wahrnimmt und nicht einfach nur darüber schlurft!

Das Senken des Kopfes ist nicht nur notwendig, damit das Pferd seine Hufe mit Bedacht genau zu platzieren lernt (schau, wo du hintrittst!), sondern hat auch immer etwas mit Vertrauen und Sicherheit zu tun: Das Pferd als Fluchttier ist von seinem Naturell her ständig „auf dem Sprung".

Das immerhin seit Jahrtausenden domestizierte Hauspferd weiß nicht, dass es heute keine Pferde fressenden Bestien mehr gibt, und so fürchtet es oft hinter jeder Hausecke, unter jedem Müllsack und bei jedem plötzlich aufspringenden Regenschirm eine Gefahr für sein Leben!

Es wirft den Kopf hoch, weil es nur aus dieser Körperhaltung heraus lospurten kann, um der vermeintlichen Gefahr zu entkommen. Ein Pferd, das mit entspanntem Hals und gesenktem Kopf mitarbeitet, hat den Fluchttrieb zunächst überwunden.

Es lernt außerdem mit dieser Arbeit, seinen Verstand (und die

55

8. GRUNDAUSBILDUNG

Über den Stangen stehenbleiben.

positive Erfahrung) zu benutzen und eine neue Situation erst abzuwägen statt unkontrolliert davonzustürmen.

Weitere Übungen
Als Nächstes lernt das Pferd, über den Stangen stehen zu bleiben, sich Schritt für Schritt vorwärts und (später) auch rückwärts zu bewegen.
Die Übung mit den Stangen wird beliebig erweitert: quer durchgehen vorwärts, später auch rückwärts, die Stangen werden zu einem „L" oder „V", einem „Zickzack" oder „Stern" zusammengelegt.

An jede neue Anforderung wird das Pferd in Ruhe herangeführt und hat Zeit, sich die Sache anzuschauen, gleich ob es über Plastikfolie gehen soll oder Kinder mit Luftballons spielen.

In den nächsten Schritten lernt das Pferd, hinter uns her – und auf uns zuzugehen und rückwärts um die Ecke zu treten. Diese Übungen führt man zwischen am Boden liegenden Stangen durch, die den zur Verfügung stehenden Raum begrenzen. Das baut Platzangst ab und fördert die Biegsamkeit enorm!

Wie bereiten wir unser Pferd auf das Ziehen vor?

Wichtige Voraussetzungen eines „Zug"-Pferdes oder -Ponys sind, dass es weder Berührungen an

8. GRUNDAUSBILDUNG

Vorsichtig das Pferd mit der Gerte abstreichen.

der Hinterhand scheut noch Angst hat vor Geräuschen, die von hinten kommen. Wenn das Tier vorn allein geht, muss es sicher sein, dass ihm nichts passiert und dass es sich auf den Menschen, der das Kommando gibt, verlassen kann.

1. Man muss das Pferd an Berührungen an der Hinterhand gewöhnen. Man streicht dazu zunächst mit der Hand das gesamte Pferd ab und konzentriert sich dann auf Kruppe und Hinterbeine. Danach wiederholt man das Ganze langsam und ruhig mit einer Gerte.
Fürchtet sich das Pferd vor der Gerte, lässt man sie erstmal in Ruhe inspizieren, vielleicht sogar ins Maul nehmen und beginnt dann langsam mit dem Knauf nach vorn, das Pferd an Hals und Brust zu berühren. Es wird sich vielleicht noch aufregen, aber man macht dennoch weiter. Während der Übung redet man ihm gut zu und belohnt es anschließend augiebig. Nach einigen Malen wird es seine Angst verloren haben.

Kitzelige und ängstliche Pferde bedürfen eines speziellen Trainings, wobei sich der Tellington-Touch besonders anbietet*. Zum

---

**Diese Massage- bzw. Berührungstechnik ist ausführlich erläutert in: „Die Tellington-Methode: So erzieht man sein Pferd" und „Die Persönlichkeit Ihres Pferdes", siehe Anhang.*

57

8. GRUNDAUSBILDUNG

T-Touch – kleine kreisende Bewegungen mit den Fingerkuppen beruhigen und regen die Nervenzellen an.

Beispiel kann man nach dem Abstreichen mit der Hand, das kitzelige Pferde meist lieber mit mehr Druck mögen, den Körper leicht mit beiden Händen abklopfen. Auch das Hautrollen wird – oft nach anfänglichem Misstrauen – meist als wohltuend empfunden. Es ist erstaunlich, wie positiv gerade empfindliche Pferde auf solche Körpererfahrungen reagieren!

2. Als Nächstes nimmt man einen weichen Strick und berührt damit das Pferd. Bleibt es dabei ruhig, kann man eine Kette nehmen, damit ums Pferd herum klappern und schließlich über die Hinterhand streichen. Auch ein Geschirr berührt das Pferd an anderen Körperstellen, als es das normalerweise gewohnt ist!

3. Das Pferd wird in eine Longe oder ein weiches, langes Seil behutsam „eingewickelt". Es bleibt zunächst so stehen und wird dann einige Runden herumgeführt, bis es auch die Bewegung in der „Verpackung" normal findet.

Hier muss man darauf achten, dass der Strick *immer über dem Sprunggelenk* bleibt, weil das Pferd sonst zu Fall kommen kann! Dieses „Einwickeln" hat neben der Erfahrung, dass die andauernde Berührung an der Hinterhand

8. Grundausbildung

Das Pferd wird eingewickelt.

keine Gefahr bedeutet, noch einen anderen Sinn: *Die durch das Seil sichtbare Verbindung des ganzen Körpers bewirkt auch eine ganzheitliche Erfahrung für Körper und Seele!* Das Pferd wird „zusammengeführt", erfährt sich – ähnlich dem früheren Wickelkind – in seiner Gänze und fühlt sich beschützt.

4. In der folgenden Arbeitsstunde wird das Geschirr oder die Improvisation (siehe „Ausrüstung", S. 88) angelegt.
Man führt das Pferd einige Runden, dann hängt man den ersten Zugstrang (ca. 2 m) ein und lässt ihn auf dem Boden mitschleifen. Bei eher schreckhaften Pferden empfiehlt sich ein langer Strick, bei anderen eine Zugkette. In Rechts- und Linkswendungen lernt das Pferd die Berührung auch in Kurven. Dann kommt der zweite Strang, der ebenfalls auf den Boden herabhängt. Manche Pferde brauchen etwas länger, ihre Unsicherheit zu überwinden, andere lernen es sofort. Geduld ist – wie immer – ein guter Lehrmeister!

5. Nun wird das Pferd mit dem Ortscheit vertraut gemacht.
Es wird mit einem guten Abstand (ca. 1 m, auf jeden Fall so, dass es dem Pferd auch bei größeren Schritten nicht in die Hacken

8. GRUNDAUSBILDUNG

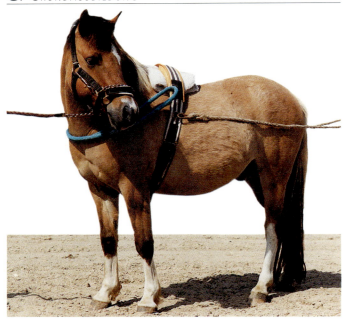

oben: Eine Geschirrimprovisation.   unten: Im Slalom um die Fässer.

schlägt) in die Stränge gehängt. Zur Sicherheit wird ein Strick in der mittleren Aufhängung des Ortscheits befestigt, den man in der Hand behält. Geht das Pferd jetzt vorwärts, hält man das Ortscheit in der Hand, schwingt es dann hin und her und lässt es schließlich am Boden schleifen. Ängstigt sich das Pferd, kann das Ortscheit mit dem Strick sofort wieder angehoben werden.

Weil zu Anfang immer jemand vorn am Pferd mitgeht, kann man sich voll auf die Übungen konzentrieren und muss sich nicht auch noch um die Leine kümmern.

6. Um das Pferd an das Zuggewicht zu gewöhnen, hebt man das Ortscheit auf und hält es an beiden Händen vor sich. Geht das Pferd los, macht man sich am Ortscheit immer schwerer, lässt sich also ziehen. Das Eigengewicht kann problemlos mal mehr, mal weniger eingebracht werden. Sollte sich das Pferd bei dem ungewohnten Druck aufregen, macht man sich sofort wieder leicht. Besonders, wenn man das Anziehen übt, ist dies sehr nützlich.

7. Durch angehängte Autoreifen wird das Zuggewicht langsam erhöht, wobei man es nicht übertreiben sollte. (Spaßeshalber zieht

8. GRUNDAUSBILDUNG

oben: Das Ortscheit hin und her schwenken.   unten: In die Stränge lehnen.

8. Grundausbildung

Erst nur das Ortscheit ziehen...

man selbst mal Reifen über den Boden, um einen Eindruck von deren Gewicht, aber auch von der Kraft der Pferde zu bekommen!)

Für viele Pferde ist es sehr ungewohnt, den Druck auf den Körper beim Anziehen, also beim ersten Überwinden des Zugwiderstands, zu erfahren. Je nach Ausbildung hat das Tier vielleicht gelernt, bei Berührung (Touch) an der Brust stehen zu bleiben. Man sollte in einem solchen Fall Verständnis aufbringen und dem Pferd in Ruhe vermitteln, dass es nun um etwas anderes geht.

Bei den Vorübungen mit dem Reifen sammeln sowohl das Pferd als auch der Pferdeführer wichtige Erfahrungen. Wird das Pferd das erste Mal von hinten geführt, muss man sich sicher sein, dass es vor Zuggeschirr und -last nicht erschrickt und ausschlägt oder gar panisch davonstürmt!

Übungen für Fortgeschrittene

Weitere Übungsaufgaben, die die Zug- und Schrecksicherheit des Pferdes fördern, sind beispielsweise:

■ einen mit Papier gefüllten Plastiksack,
■ einen Sack mit Blechbüchsen,
■ eine Schnur mit Blechbüchsen,
■ eine Plane oder
■ eine Palette ziehen.

Solche Aufgaben kann man auch gut vom Sattel aus üben. Sie werden gerne bei Trailturnieren verlangt und zeigen, wie stark das

62

8. GRUNDAUSBILDUNG

...dann den Reifen.
Das Pferd wird noch geführt.

Zug-Übungen:
Säcke oder andere
Gegenstände vom
Sattel und beim Fahren
vom Boden ziehen.

63

8. GRUNDAUSBILDUNG

unten: Dieses Jungpferd ist sehr „schussfest".

Vertrauen zwischen Pferd und Reiter ist.

Wesentlich ist dabei, das Pferd an solche Anforderungen langsam heranzuführen und die „Panikmacher" wie Planen etc. nicht am Pferd zu befestigen, bevor man sich nicht sicher ist, dass es sich nicht erschrickt! Bei der Arbeit unter dem Sattel kann man das „Schreckgespenst" sofort loslassen, und so muss es auch beim Fahren am Boden sein. Man zeigt zunächst dem Pferd die Plane etc. und bewegt sich dann langsam damit um das Pferd herum – immer so, dass es genau sehen kann, was passiert.

Schließlich geht man damit hinter dem Pferd her. Es wird vermutlich beim Laufen nach hinten sehen, was ihm da folgt. *Das ist in Ordnung und sollte unterstützt werden, indem man leicht seitlich geht, um dem Pferd einen guten Blick zu ermöglichen.*

Auf solche Weise trainierte Pferde gehen später mit einem durch dick und dünn, gleich ob unter dem Sattel oder im Geschirr!

Leinenführung

Das Führen (bzw. Geführtwerden) von hinten muss nicht nur vom Pferd erst gelernt werden. Je nachdem, wie Pferd und Reiter ausgebildet sind, kann mit mehr oder weniger Anlehnung zum Pferdemaul gefahren werden. Wie beim Reiten gilt der Grundsatz „Weniger ist mehr", also ein möglichst weiches Gebiss verwenden und auf eine möglichst weiche Hand achten!

„Partner-Übungen"

Eine unkomplizierte, pferdeschonende und lustige Art, die Leinenführung zu lernen, sind so genannte „Partner-Übungen": Man nimmt einen Besenstil o. Ä. und befestigt daran die Leine etwa in Körperbreite (eines Menschen). Eine Person (das „Pferd") nimmt den Stock in beide Hände und hält ihn vor dem Bauch fest. Die zweite Person nimmt die Leine – und los gehts! Auf diese recht einfache Weise bekommt man rasch ein Gefühl für die Einwirkung, die die Hand auf das Pferdemaul hat! Schließt der Partner, der das Pferd spielt, die Augen und verlässt sich voll

8. GRUNDAUSBILDUNG

Partnerübung Leinenführung.

Führketten schonen das Pferdemaul!

Um das Pferdemaul zu schonen, kann anfangs statt mit Kopfstück und Gebiss mit dem Halfter und zwei Führketten gearbeitet werden. Wie bei der Bodenarbeit wird erst eine Führkette von links nach rechts eingezogen, dann eine zweite von rechts nach links. Auf dem Nasenteil des Halfters liegen sie über Kreuz.

In die Enden wird ein langer Zügel oder eine Leine eingeschnallt und, um auf der richtigen Höhe zu bleiben, durch einen Longiergurt gezogen. Man kann auch statt des Longiergurts das Geschirr anlegen oder die Leine durch die Steigbügel des aufgelegten Sattels ziehen, wenn diese kurzgeschnallt und seitlich fixiert wurden (siehe „Ausrüstung", S. 88).

Am Anfang sollte ein Helfer vorn am Pferd mitgehen, das vermittelt dem Tier Sicherheit.

Der Helfer oder die Helferin hält einen zusätzlich am Halfter (oder Kopfstück) befestigten Führstrick und geht dann langsam immer weiter zurück, bis das Pferd ausschließlich auf die Kommandos von Stimme und Leine *von hinten* reagiert.

und ganz auf die Führung mit der Leine, wird schnell deutlich, welche Fehler man bei der Leinenführung macht: Bei zu scharfen oder zu weichen Paraden, durchhängenden Leinen usw. bekommt man eine direkte Rückmeldung!

65

8. GRUNDAUSBILDUNG

Einfache Handhabung der Leine.

Kommt vor allem das Kommando zum Anhalten noch nicht so richtig vorn an, setzt der Helfer die Gerte in der oben beschriebenen Weise ein und bringt das Pferd so sacht zum Stehen.

Paraden geben
Wie beim Reiten gibt es auch beim Ziehen mehrere Verständigungsformen zwischen Mensch und Pferd.
Während unter dem Sattel immer die Einheit, sprich Gleichzeitigkeit der Kommandos wichtig ist (Gewichts-, Schenkel- und Zügelhilfe), stellt sich das beim Ziehen etwas anders dar.

Beim Fahren hat man immerhin noch die Bremse des Wagens zur Verfügung – jetzt ist man ganz auf die Stimme und die Leine angewiesen! Da man zudem noch hinter dem Pferd selbst am Boden geht, muss die Verständigung schon ziemlich ausgefeilt sein!

Halbe Paraden gibt man – wie beim Reiten – zum Aufmerksammachen und Vorbereiten auf Kommandos, ganze Paraden nur zum Anhalten (oder in akuten Gefahrensituationen)!

Eine weiche, einfühlsame Hand und eine solide Grundausbildung ersparen später ein scharfes Gebiss!

8. GRUNDAUSBILDUNG

Die rechte Leine läuft durch die Hand in die Linke, das gibt mehr Stabilität.

Fahren im Trailparcours

Eine besonders gute Schulung bietet das Fahren im Trailparcours. Hat das Pferd erstmal die Leinenführung vom Boden aus gelernt, kann man sich an Aufgaben aus dem Geschicklichkeitsparcours heranwagen.

Natürlich beginnt man mit einfachen Anforderungen wie über Stangen treten, zwischen Stangen hindurch „fahren", Slalom usw.
Mit entsprechender Erfahrung wagt man sich dann an die Brücke, an das Labyrinth und ähnlich schwierige Aufgaben.

Auch der Gang über die Wippe und noch mehr das Wippen selbst sind eine interessante Herausforderung.
Klappen solche Lektionen in Harmonie mit dem Pferd, ohne laute Stimme und ohne deutlich sichtbare Hilfen mit der Leine, ist man schon ein gutes Stück weiter und kann zu Recht stolz auf sich und das Pferd sein.

Selber Koordination und Konzentration lernen

Nicht nur das Pferd muss sich an so manches Neue gewöhnen,

67

8. Grundausbildung

8. Grundausbildung

oben: Eine Brücke, beide Hände haben mehr Halt.   unten: Der Rest der Leine wird in Schlaufen gelegt.

8. GRUNDAUSBILDUNG

Fahren über Stangen.

auch für einen selbst sind die neuen Aufgaben oft nicht ganz ohne! Da ist es ganz wichtig, sich aufs Pferd verlassen zu können (gegenseitiges Vertrauen!).

Gerade wenn die erste Last angehängt wird, kommt man schnell ins Schleudern, weil man auf so viel gleichzeitig achten muss! Man darf nicht zu nah an die Last geraten, nicht in die Stränge treten, nicht ans Ortscheit kommen etc. Außerdem bedarf es einiger Übung, Pferd, Last und Umgebung ständig im Auge zu behalten!

Auch mit sich selbst sollte man also Geduld haben.

Abstand halten!
Je nach Länge und Breite der Last kann man dahinter oder nebenher gehen. Neben der Last ist immer ein ausreichender Abstand zu wahren, denn in Kurven kann sie schneller und stärker ausschwenken als man meint, und ruckzuck gibt es einen unangenehmen Zusammenstoß ...

Die Vielfalt an Anforderungen erinnert mich immer sehr an die ersten Führerscheinstunden:

Innenspiegel, Außenspiegel, umdrehen und nach hinten sehen, Gegenverkehr im Auge behalten, Blinker setzen usw. Am besten nimmt man sich am Anfang nicht zu viel vor, übt *einfache* Sachen wie äußere Runden in der Bahn zu drehen ohne halsbrecherische Kurven und Slalomfahrten ... (Und man sollte sich von dem Zwang befreien, irgendjemandem etwas beweisen zu müssen – auch sich selbst nicht!)

Die Arbeit mit Pferden schult also auch den Menschen in vielerlei Hinsicht!

8. Grundausbildung

Fahren durch den „Durchgang".

9. Leistungsgrenzen

Die

Norweger vor dem Zugschlitten.

9. Leistungsgrenzen

Leistungsgrenzen des Pferdes

Wissen,

wann es genug ist.

Das genaue Messen des Zugwiderstands und die Festlegung der Dauerleistungsgrenze sollte man Fachleuten überlassen. Wer sein Pferd genau beobachtet und sich über die Arbeitsbedingungen Gedanken macht, weiß schnell, wo die Grenze ist, und hört vorher auf ...

9. LEISTUNGSGRENZEN

WIEVIEL - WIE SCHWER?

Wie viel (wie schwer) darf mein Pferd ziehen?

Da es hier um zusätzliche Aufgaben für Pferd und Mensch geht und nicht um die Ausbildung und den Einsatz für den schweren Zug, brauchen wir uns mit Fachbegriffen wie Zugwiderstand und Dauerleistungsgrenze nur kurz zu beschäftigen:

Der **Zugwiderstand** misst die zum Bewegen einer Last zu überwindenden Hemmnisse, die sich a) im eigenen Gewicht des Pferdes, das ja auch bewegt werden muss, ausdrücken und b) im Grad der Reibung der Last auf dem Boden. Je nach Beschaffenheit der Last (Form, Gewicht, Oberfläche etc.) und der Struktur des Bodens, auf dem die Last zu bewegen ist (eben oder holperig, Sand oder Gras, nass oder trocken usw.) kann der Zugwiderstand erheblich variieren. Je ebener und glatter der Boden, je leichter und „rutschiger" die Last, desto geringer ist der Zugwiderstand. Ein gummibereifter Wagen, mit vier Personen besetzt, lässt sich z. B. auf ebener asphaltierter Straße leichter ziehen als eine dreiteilige Weideschleppe im huppeligen Gras – obwohl das Gewicht der ersten Last ungleich höher ist als das der drei Schlepprreifen!

Kraft und Kondition des Pferdes verändern den Zugwiderstand nicht, wohl aber die Möglichkeit, ihn zu überwinden.

Die **Dauerleistungsgrenze** (DLG) ist die errechnete Höchstleistung des Pferdes in einem kontinuierlichen Arbeitspensum: Nicht mehr als 10 bis 15 Prozent des Eigengewichts sollen im Durchschnitt bei der Arbeitsbelastung zur Überwindung des Zugwiderstandes eingesetzt werden.

Um diese Werte zu ermitteln, gibt es spezielle Messgeräte. In der Praxis haben solche Messverfahren allerdings wenig Relevanz, weil a) kaum jemand diese Geräte besitzt und sie b) in der Regel auch nicht benötigt, weil ein geschultes Augenmaß genügt, um die Leistungsfähigkeit und -grenze eines Pferdes einschätzen zu können.

Wichtig ist aber zu wissen, dass in nicht wenigen Fällen, in denen eine Belastungsmessung durchgeführt wurde, diese wesentlich höher lag als angenommen. Gerade als Neueinsteiger mit ungeübtem Blick für Pferd und Last sollte man also vorsichtig sein mit dem Erhöhen der Zuglast

Die Zuglast darf das Pferd nicht überfordern ...

9. Leistungsgrenzen

Leistungsfähigkeit

Beim Reiten

Gewicht des Pferdes	Gewicht des Reiters	in Prozent
200 kg	bis 60 kg	über 25 %
400 kg	bis 80 kg	20 %
500 kg	bis 80 kg	ca. 15 %
700 kg	bis 90 kg	ca. 13 %
900 kg	bis 100 kg	ca. 11 %

Beim Ziehen *

Gewicht des Pferdes	Gewicht der Zuglast	in Prozent
200 kg	bis 600 kg	max. 300 %
400 kg	bis 1.200 kg	max. 300 %
500 kg	bis 1.500 kg	max. 300 %
700 kg	bis 2.100 kg	max. 300 %
900 kg	bis 2.700 kg	max. 300 %

* Maximalwerte auf ebenem Boden und mit einem gummibereiften Wagen.

Im Vergleich mit der Belastung unter dem Reiter fällt bei der Leistungsfähigkeit im Zug Folgendes auf: Während unter dem Sattel mit der Größe des Pferdes die Belastbarkeit proportional abnimmt, bleibt sie beim Ziehen gleich!

Wie hoch die zumutbare Belastung für ein Pferd ist, hängt nicht nur von der Last und vom Untergrund ab, sondern natürlich auch von seiner eigenen Verfassung: *Allgemeiner Gesundheitszustand, Training und Kondition* sind bei jeder größeren Anforderung die Indikatoren für die Leistungsfähigkeit. Auch die nervliche Verfassung spielt eine wichtige Rolle (siehe „Die Bedeutung von Temperament und Charakter", S. 21 ff.).

Ein regelmäßig gerittenes Pferd oder Pony kann problemlos einen oder auch mehrere Reifen angemessener Größe einige Runden über einen Platz ziehen. Auch eine Hindernisstange ist in keinem Fall ein Problem. Hat das Pferd bei zunehmender Last allerdings Mühe anzuziehen oder macht schon nach kurzer Zeit den Eindruck, sich sehr anstrengen zu müssen, muss man sofort abbrechen (man verschätzt sich – wie gesagt – schnell mit Gewicht und Zugwiderstand!).

Gerade leistungswillige Pferde werden schnell überfordert, denn sie haben den Ehrgeiz, alle Aufgaben zur Zufriedenheit ihres Pferdeführers auszuführen.

Am Anfang kann man leicht einmal die Kräfte des Pferdes überschätzen und etwas zu viel anhängen. Hier sollte man auf

9. LEISTUNGSGRENZEN

Mit einem gummibereiftem Wagen auf der Straße strengen sich die Pferde auch im Trab nicht besonders stark an.

Showeffekte verzichten und nicht stolz darauf sein, wie mächtig zugfest das Pferd ist, sondern selbstbewusst sagen: „Nun ist genug." Gerade den Robustrassen wird gerne mehr zugemutet, als vertretbar ist. Diese Pferde sind so zäh und meist so gutwillig, dass sie sich auch selten dann „beschweren", wenn es eigentlich zu viel ist. Und so glaubt man, diese Tiere seien unverwüstlich und unendlich belastbar. Viele Schäden treten allerdings auch erst nach Jahren auf, wenn die Pferde schon längst die Besitzer gewechselt haben …

Die Ausbildung von Ponys, die das Ziehen lernen sollen, bedarf selbstverständlich der gleichen Sorgfalt wie die von anderen Pferden. Jede Rasse hat ihre Eigenheiten, die man kennen lernen und berücksichtigen muss!

Atemfrequenz

Indikatoren für die Belastung des Pferdes sind
a) der Gesamteindruck
Wirkt es frisch oder müde? und
b) die Puls- und
die Atemfrequenz.
Eine beschleunigte Atmung erkennt man mühelos an den Nüstern und an den Flanken. Die durchschnittlichen Atemwerte im Ruhezustand sind aber sehr unterschiedlich (zwischen acht und 16 Atemzüge/Minute), außerdem können sie nach einer Belastung schnell wieder sinken und sind nicht immer ein Maßstab für eine Überforderung.

Bei Distanzritten wurde aus diesem Grund vor einiger Zeit auf die Messung und Bewertung der Atemwerte verzichtet. Dennoch ist ein Blick auf Nüstern und Flanken aufschlussreich. Flattern die Flanken, sind die Nüstern weit aufgerissen, hat sich die Atmung

9. Leistungsgrenzen

Einen Pflug durch schweren Boden zu ziehen strengt Pferde erheblich mehr an.

nicht nach einigen Minuten wieder beruhigt, hat man es eindeutig übertrieben ...

Pulswerte

Der Puls des Pferdes liegt je nach Größe zwischen 28 und 40 Schlägen in der Minute, Abweichungen nach oben und unten eingeschlossen.

Bei großen Anstrengungen kann die Pulsfrequenz das Dreifache und mehr erreichen! Maßgeblich ist hier, in welcher Zeit der Puls wieder auf seinen Ausgangswert sinkt. Optimal ist eine gleichmäßige Belastung des Pferdes ohne solche Spitzenwerte, was aber nicht immer möglich ist (z.B. beim Rücken von Starkholz oder beim Überwinden von Steigungen mit einem schwer beladenen Wagen). Wichtig ist in solchen Fällen eine anschließende „Erholungspause", um der Gesundheit des Pferdes nicht zu schaden.

Bei einem untrainierten Pferd steigen die Puls- und Atemwerte schneller als bei guter Kondition. Training ist also auch hier schon die halbe Miete!

Wenn das Pferd schwitzt

Der Grad der Schweißabsonderung ist nur in seltenen Fällen ein Zeichen für Ermüdung und/oder Überforderung. Der Schweiß dient der Abkühlung des durch die Arbeit erhitzten Körpers, und wer schwitzt, muss noch lange nicht müde sein!

Alles in allem ist es auch hier wichtig, ein Gespür für sein Pferd zu entwickeln. Wer täglich mit seinem Pferd umgeht, nimmt Anzeichen von Müdigkeit und Überforderung sofort wahr bzw. weiß solche Zustände zu vermeiden!

10. Ausrüstung

Prunkgeschirre sind bei besonderen Anlässen beliebt.

10. Ausrüstung

Ausrüstung

Geschenkt ist manchmal noch zu teuer...

Wer mit seinem Pferd etwas ziehen möchte, muss die Last natürlich „irgendwie" am Pferd befestigen. Pferdegeschirre sind in verschiedenen Ausführungen zu bekommen. Dabei wird in Arbeits- und Kutschgeschirre unterschieden und in Brustblatt- und Kumtgeschirre.

10. AUSRÜSTUNG

GESCHIRR

Welches Geschirr zu welchem Zweck?

Arbeitsgeschirre werden zum Arbeiten verwendet, Kutschgeschirre zum Fahren – so weit ganz einfach. Der wesentliche Unterschied besteht in der Gewichtsaufnahme und der Kraftübertragung zwischen Pferd und Last: Beim Brustblattgeschirr nimmt die Brustmuskulatur mit dem darunter liegenden Schultergelenk (Buggelenk) die Last auf, beim Kumtgeschirr wird das Gewicht auf das ganze Schulterblatt verteilt, woduch eine erheblich größere und schonendere Kraftentfaltung möglich ist.

Sieht man sich die Anatomie des Pferdes an, bemerkt man, dass bei der Vorderhand keine auf Knochen gestützte Verbindung zur Wirbelsäule besteht. Die Vorhand wird ausschließlich durch Muskeln, Bänder und Sehnen gehalten. Von Natur aus trägt die Vorderhand bereits etwa 60 Prozent des Körpergewichts (daher ist es beim Reiten so wichtig, dass das Pferd lernt, vermehrt Gewicht mit der Hinterhand aufzunehmen!).

Das Brustblattgeschirr

Beim Brustblattgeschirr wird die Zuglast von einem breiten, über der Brust verlaufenden Lederstück und von den Buggelenken aufgenommen.

Bedenkt man obigen Ausflug in die Anatomie des Pferdes, kann man sich vorstellen, wie sich im richtig schweren Zug die Belastung auf die Vorhand aus-

Brustblatt-Arbeitsgeschirr mit Vestanpolstern.

10. Ausrüstung

Brustblattgeschirr für Einspänner mit Hintergeschirr

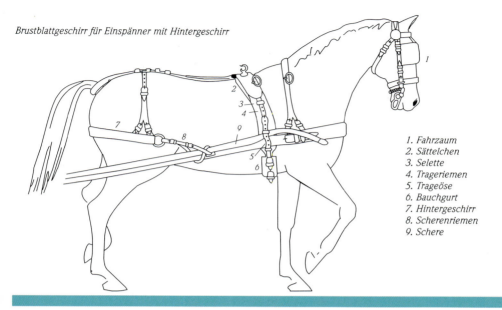

1. Fahrzaum
2. Sättelchen
3. Selette
4. Trageriemen
5. Trageöse
6. Bauchgurt
7. Hintergeschirr
8. Scherenriemen
9. Schere

Brustblattgeschirr für Zweispänner

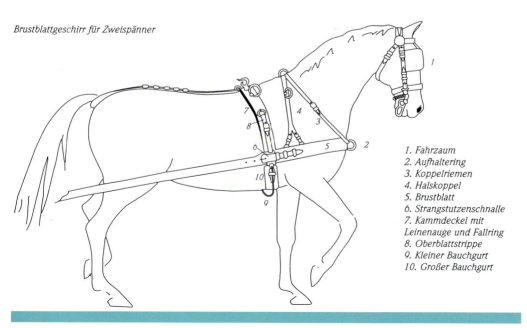

1. Fahrzaum
2. Aufhaltering
3. Koppelriemen
4. Halskoppel
5. Brustblatt
6. Strangstutzenschnalle
7. Kammdeckel mit Leinenauge und Fallring
8. Oberblattstrippe
9. Kleiner Bauchgurt
10. Großer Bauchgurt

10. Ausrüstung

wirkt. Für leichte und mittlere Zuglasten ist ein Brustblattgeschirr durchaus geeignet, für den schweren Zug aber nicht sehr empfehlenswert.

Arbeitsgeschirr mit Brustblatt

Das Geschirr besteht aus dem die Last aufnehmenden Brustblatt, Rückenkissen, Halsriemen, mindestens einem Bauchgurt, dem Schweifriemen und – evtl. – dem Stranghalter. Ob ein Hintergeschirr benutzt wird, hängt von den geographischen Gegebenheiten ab: Im Flachland eher selten verwendet, ist es in bergiger Gegend ein Muss, denn es hält den Wagen bzw. das Gerät auf, wenn es bergab geht, damit es nicht dem Pferd in die Hacken rollt und dieses die Last mit der kräftigeren Hinterhand auffangen kann.

Das Leder des Arbeitsgeschirrs ist breit, meist etwas derb und insgesamt mehr auf Zweckmäßigkeit als auf Schönheit ausgerichtet, was man oft vor allem an den Beschlägen (Ösen, Ringe, Schnallen und dergleichen) feststellt. Auf alles Überflüssige wird verzichtet.

Kutschgeschirr mit Brustblatt

Kutschgeschirre sind aus feinerem Leder gearbeitet als Arbeitsgeschirre. Es ist je nach Ausführung (und Preis ...) mit mehr oder weniger edlen Beschlägen versehen, mit Ziernähten und anderen Feinheiten. Vom Aufbau her ist es identisch mit der Arbeitsversion, nur heißt das Rückenkissen hier Kammdeckel bzw. Sellette.

Für alle **Brustblattgeschirre** gibt es Brustblattschoner (die natürlich der Schonung des Pferdes und nicht des Brustblattes dienen). Das Material dieses empfehlenswerten Zubehörs kann aus Neopren, Filz, Schaumstoff, Vestan oder echtem Lammfell bestehen.

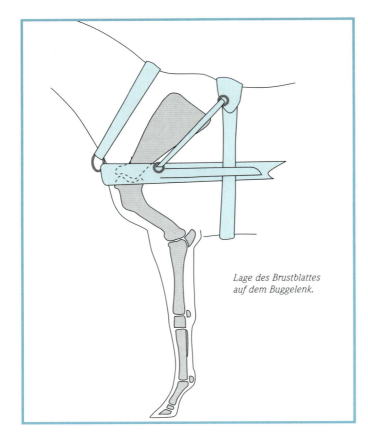

Lage des Brustblattes auf dem Buggelenk.

10. Ausrüstung

Ein etwa 75 Jahre altes Kutschgeschirr ... – zum Fahren am Boden geeignet – zum Ziehen kaum noch...

Anpassen des Brustblattgeschirrs

Das Brustblatt liegt knapp (beim Anpassen zwei bis drei Fingerbreit) über dem Buggelenk, der Bauchriemen wird ähnlich dem Sattelgurt festgezogen und der Schweifriemen verschnallt. Die Leine zieht man durch die „Leinenaugen" auf dem Rückenkissen bzw. dem Kammdeckel oder dem Sellette.

Anschaffung eines Brustblattgeschirrs

Ab wann lohnt sich die Anschaffung eines eigenen Geschirrs? Spätestens, wenn man wirklich Freude an der Zugarbeit mit Pferden gewonnen hat und sie öfter und besser machen möchte!

Ein gebrauchtes Geschirr lässt sich meist günstig über eine Kleinanzeige erstehen. Leider gibt es *Arbeitsgeschirre* nur für Pferde vom Norweger und Haflinger an aufwärts, für kleinere (oder schlankere) Pferde und Ponys bietet der Handel kaum etwas an. Aber man kann sich vom Sattler ein Arbeitsgeschirr nach Maß anfertigen lassen, zu einem Preis, der nicht selten unter dem Ladenpreis eines guten Kutschgeschirrs liegt! Zudem kann man sich die Qualität und sogar die Farbe des Leders aussuchen und zwischen verschiedenen Beschlägen wählen.

10. Ausrüstung

Brustblatt-Kutschgeschirr.

Vor *alten Geschirren vom Dachboden* muss allerdings ausdrücklich gewarnt werden. Oft ist das Leder brüchig, und man kann es gerade noch zum Fahren vom Boden aus verwenden, sollte aber besser keine oder nur sehr geringfügige Lasten anhängen.

Vorsicht vor Billigangeboten! Das Geld, das man bei einem solchen „Sonderangebot" spart, gibt man schnell wieder für Reparaturen aus. Lieber kauft man ein gebrauchtes Geschirr guter Qualität als ein neues „Schnäppchen" für den gleichen Preis!

Das Kumtgeschirr

Wer „nur" aus Spaß gelegentlich mit seinem Pferd Zugarbeit leisten möchte, wird wohl kaum ein Kumtgeschirr dazu benutzen, denn das Kumt muss jedem Pferd individuell angepasst werden. Es wird meist auf Maß gefertigt, selten lässt es sich auch von Hand verstellen. Ein Kumt muss hundertprozentig sitzen, und um dies beurteilen zu können, braucht man Erfahrung. Außerdem ist es teurer, vor allem gebraucht schwerer zu bekommen und zeitaufwendiger beim Anschirren. Alles in allem bietet es sich also für Einsteiger weniger an.

10. Ausrüstung

Das Kumtgeschirr (Zweispänner) und seine Teile

Fahrzaum
1. Scheuklappen
2. Blendriemen
3. Blendriemenschnalle
4. Rosette
5. Kehlriemen
6. Backenstück
7. Nasenriemen
8. Gebiss

9. Aufhalter
10. Deichselbrille

Kumt
11. Aufhaltering
12. Langring
13. Kumkissen
14. Kumtbügel
15. Leinenauge

16. Zugkrampe
17. Kumtgürtel
18. Strangstutze
19. Strangstutzenschnalle
20. Oberblattstößel
21. Kleiner Bauchgurt
22. Sprungriemen
23. Kammdeckel
24. Kammdeckelschlüssel
25. feststehendes Leinenauge
26. Oberblattstrupfe
27. großer Bauchgurt
28. Fallring
29. Schweifriemen
30. Schweifmetze
31. Strang
32. Leine

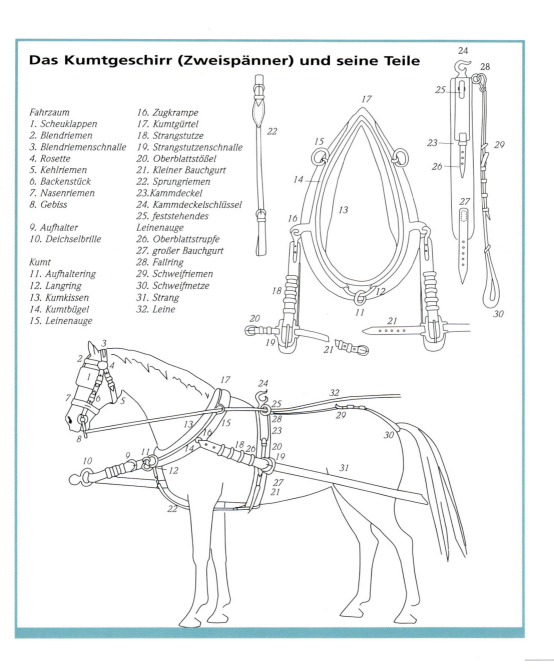

10. AUSRÜSTUNG

Schwedische Arbeitskumte.

Wie beim Brustblattgeschirr gibt es auch hier die Arbeits- und die Kutschausführung sowie die sehr aufwendige „Sonntagskumte": die Festtags- und Vorzeigevariante.

Einhängen der Last

Bleiben wir – wegen der Praktikabilität – also beim Brustblattgeschirr.

Wie wird nun die Zuglast befestigt?

Eine Schere (Einspänner-Deichsel) wird in unserem Fall ja nicht benötigt, also braucht man auch keine Aufhalter am Geschirr. Die

Das Einspänner-Kumtgeschirr

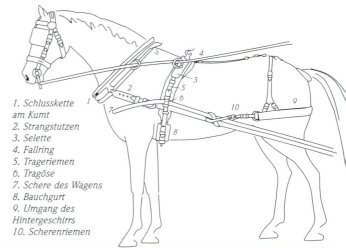

1. Schlusskette am Kumt
2. Strangstutzen
3. Selette
4. Fallring
5. Trageriemen
6. Tragöse
7. Schere des Wagens
8. Bauchgurt
9. Umgang des Hintergeschirrs
10. Scherenriemen

86

10. Ausrüstung

Kumtgeschirr bei Kutschanspannung.

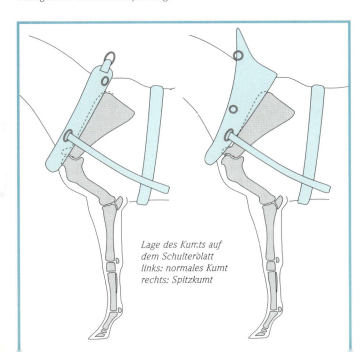

*Lage des Kumts auf dem Schulterblatt
links: normales Kumt
rechts: Spitzkumt*

Zugstränge werden in die dafür vorgesehenen Ösen oder Haken am Geschirr eingehängt, meist mit einer Schlaufe oder einem Karabiner.

Zieht man die Stränge nun bis zum Ortscheit, muss sich eine gerade Linie ergeben vom Buggelenk des Pferdes bis zum Ende des Stranges.
Sieht man einen Knick (in diesem Fall würde das Pferd mehr mit dem Rücken als mit der Brust ziehen!), muss das Geschirr anders verschnallt werden: Die Höhe der Strangösen am Geschirr kann durch Verlängern bzw. Verkürzen

10. Ausrüstung

Geschirrimprovisationen

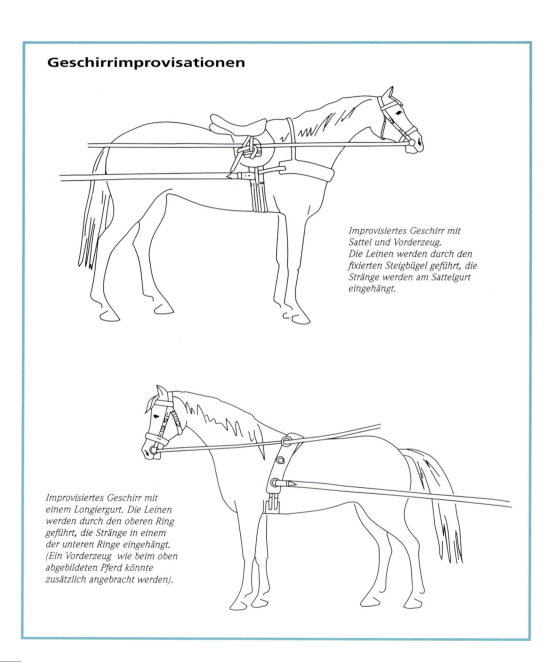

Improvisiertes Geschirr mit Sattel und Vorderzeug. Die Leinen werden durch den fixierten Steigbügel geführt, die Stränge werden am Sattelgurt eingehängt.

Improvisiertes Geschirr mit einem Longiergurt. Die Leinen werden durch den oberen Ring geführt, die Stränge in einem der unteren Ringe eingehängt. (Ein Vorderzeug wie beim oben abgebildeten Pferd könnte zusätzlich angebracht werden).

10. Ausrüstung

des Riemens verändert werden, der vom Rückenkissen aus zur Strangöse führt. Bei sehr leichten Zug"lasten" kann ein gebrochener Zugwinkel in Kauf genommen werden. Gerade bei Geschirrimprovisationen lässt sich das sogar manchmal nicht vermeiden.

Geschirr-Improvisationen

Wer (noch) kein eigenes Geschirr besitzt und sich auch keins borgen kann, kann unbesorgt mit einer Improvisation beginnen. Solche „Alternativen" sind aber immer nur zum Üben und für ganz leichte Zuglasten geeignet, denn bei größerem Gewicht würde das Pferd im Rücken statt an der Brust belastet. Zudem würde der über die Brust gelegte Strick einschneiden und Unbehagen bis Schmerz beim Pferd hervorrufen.

Ziehen mit dem Sattel

Das Pferd wird wie gewohnt gesattelt, der Sattelgurt allerdings nicht allzu fest angezogen, nur so, dass ein Herunterrutschen bei Bewegung verhindert wird. Die Steigbügel schnallt man möglichst kurz und fixiert sie mit einem kleinen Riemen, damit sie nicht hin und her fliegen. Hier führt man dann – statt durch die „Augen" des Geschirrs – die Leine durch.

Die Zugstränge hängt man in den Sattelgurt ein, wobei man darauf achten muss, dass es keine Druckstellen gibt. Man kann z.B. am Karabiner einen weichen Riemen befestigen und diesen durch den Gurt ziehen. So kann man notfalls immer noch schnell die Stränge lösen, indem man den Karabiner öffnet, und muss nicht erst den Riemen aufschnallen.

Ist zu befürchten, dass der Sattel nach hinten rutscht, fixiert man ihn mit einem weichen Strick um die Pferdebrust oder verwendet – soweit vorhanden – ein Vorderzeug.

Der Longiergurt als Geschirrersatz

Mit einem Longiergurt lässt sich noch leichter improvisieren als mit dem Sattel. Durch die vielen Ösen bietet er mehrere Möglichkeiten, nicht nur die Höhe der Zugstränge zu variieren, sondern auch die Leine zu führen. Allerdings sind manchmal die Ösen im Durchmesser zu gering (gerade bei Ponyausführungen), um die Schnallen der Leine durchzulassen, das muss man austesten.
Auch hier kann es nötig sein, ein Zurückrutschen durch das Anlegen eines „Brustgurtes" zu vermeiden.

Das Ortscheit

Ortscheite (oder „Schwengel", die Begriffe variieren je nach Landstrich) gibt es in verschiedensten Ausführungen: aus Metall oder aus Hartholz, in Arbeits- oder Kutschausführungen, passend zu einem bestimmten Gefährt angefertigte, Luxusausführungen oder selbst gebaute ... Entscheidend bei der Auswahl eines Ortscheits sind die Belastbarkeit und die Größe.

So manches hölzerne Ortscheit aus Opas Schuppen sollte man doch lieber als Blumenampel benutzen als zum Ziehen einer Last ...

Für eine leichte Zugaufgabe mag solch altes Gerät vielleicht gerade noch herhalten, aber irgendwann knackt es im Gebälk, und es zerfällt in mehrere Teile ... Ab einem gewissen Grad an Wurmstichigkeit ist besondere Vorsicht geboten! Auch die Beschläge (Halterungen für Stränge und Zuglast) können durchgerostet sein und sich bei Belastung in Wohlgefallen auflösen!

Ortscheite, die zu besonderen Gefährten, vor allem Kutschwagen, gehören, sollte man besser auch dort belassen, denn für die Arbeit am Boden sind sie zu schade!

10. Ausrüstung

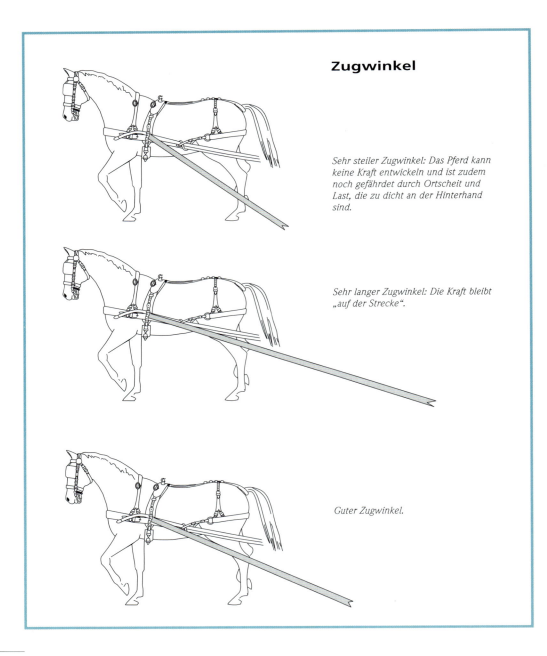

Zugwinkel

Sehr steiler Zugwinkel: Das Pferd kann keine Kraft entwickeln und ist zudem noch gefährdet durch Ortscheit und Last, die zu dicht an der Hinterhand sind.

Sehr langer Zugwinkel: Die Kraft bleibt „auf der Strecke".

Guter Zugwinkel.

10. AUSRÜSTUNG

Ob letztendlich Holz oder Metall bevorzugt wird, ist hier ohne Bedeutung.

Wenn man **die Belastbarkeit** des Ortscheits überprüft hat, muss nun auch **die Größe** beachtet werden. Als Grundsatz gilt: Lieber etwas zu breit als zu schmal! Als Maß nimmt man für die Innenbreite des Ortscheits (zum Pferd hin) die Breite der Kehrseite des Pferdes plus einer leichten Zugabe. Ist es zu schmal, scheuern die Stränge am Pferdekörper, ist es zu breit, kann – im schwereren Zug – die Kraft nicht effektiv genug übertragen werden.
Die Beschläge sind immer aus Metall, dabei gibt es Haken, Ösen, Ringe oder auch nur Kerben. Haken haben den Vorteil, Stränge und Last schnell losmachen zu können, bergen aber auch die Gefahr, dass diese sich gerade in der Übungszeit von Pferd und Pferdeführer gelegentlich von selber lösen.

Wo bekommt man ein Ortscheit?

Wer sich nicht an Nachbars Blumenampel vergreifen möchte, fragt einfach herum oder gibt notfalls eine Kleinanzeige auf. Neue Ortscheite kann man über den Handel für Kutschen- und Arbeitspferdezubehör erstehen.

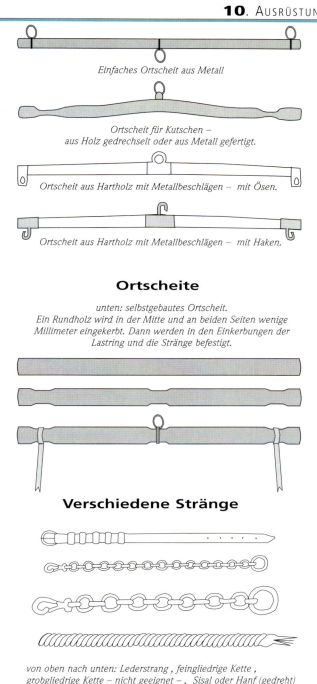

Einfaches Ortscheit aus Metall

Ortscheit für Kutschen – aus Holz gedrechselt oder aus Metall gefertigt.

Ortscheit aus Hartholz mit Metallbeschlägen – mit Ösen.

Ortscheit aus Hartholz mit Metallbeschlägen – mit Haken.

Ortscheite

*unten: selbstgebautes Ortscheit.
Ein Rundholz wird in der Mitte und an beiden Seiten wenige Millimeter eingekerbt. Dann werden in den Einkerbungen der Lastring und die Stränge befestigt.*

Verschiedene Stränge

von oben nach unten: Lederstrang , feingliedrige Kette , grobgliedrige Kette – nicht geeignet – , Sisal oder Hanf (gedreht)

10. Ausrüstung

Arbeitsgerät: Verschiedene Stricke und Karabiner.

Ein Ortscheit selbst herstellen

Ein Ortscheit für leichte Arbeit kann man übrigens aus Rundholz problemlos selbst herstellen: Als Maß gilt wie gehabt Breite der Pferderückseite mit ein paar Zentimetern Zugabe. Etwa 2 bis 3 cm vom Rand entfernt wird mit einer Feile (oder einer Hufraspel) eine Vertiefung für die Stränge eingearbeitet, aber nur so tief, dass sie nicht abrutschen, sonst könnte die Stabilität des Ortscheits gefährdet sein. In der Mitte wird eine festgezogene Schlaufe mit einer Öse ebenfalls in einer leichten Vertiefung angebracht. Schon haben wir ein maßgeschneidertes Ortscheit! Große Lasten sollte man damit besser nicht bewegen, aber für unsere Zwecke reicht es völlig aus!

Über Zugstränge

Material und Beschaffenheit von Zugsträngen sind abhängig von der Last, die zu bewegen ist.

Für die Kutschanspannung wird **Leder** bevorzugt, weil es vor allem vom Stil her gut passt und die Last einer Kutsche auch mühelos aushält.

Zum Arbeiten mit Pferden werden Lederstränge nicht benutzt, weil sie dafür nicht haltbar genug und zu aufwendig zu pflegen sind. Hier bevorzugt man Zugketten oder Stränge aus **Hanf oder Sisal**. Zum Holzrücken werden

10. Ausrüstung

Verschiedene Leinen: Von links nach rechts: Arbeitsleine aus Sisal, Arbeitsleine aus Kunstfaser, Fahrleine aus Gurtmaterial mit Lederverschnallung, Fahrleine aus Leder.

fast ausschließlich Ketten verwendet. Der Vorteil der **Zugketten** liegt einmal in der äußerst einfachen Anpassung der Länge: Kettenglieder abzählen und den Karabiner einhaken – schon hat man auf beiden Seiten die gleiche Länge. Außerdem fallen sie beim Anhalten augenblicklich durch ihr Eigengewicht herab und können sich wegen der sperrigen Kettenglieder nicht um das Pferdebein wickeln, wenn das Pferd sich einmal unkontrolliert bewegen sollte.

Die Kettenglieder sollten groß genug sein, um Karabiner einzuhaken, aber noch so klein, dass sich kein Gestrüpp etc. darin verfangen kann. Über die unterschiedliche Belastbarkeit von Ketten gibt der Handel Auskunft.

Beim Zugseil ist die Gefahr, dass es sich um das Pferdebein wickelt, schon größer, weil es sehr leicht und beweglich ist. Ferner kann es am Pferdeleib scheuern, aber dafür erschreckt es das unsichere Pferd nicht mit seinem Gerassel. Die Länge von gedehten Seilen kann man variieren, indem man eine Schlinge legt, an entsprechender Stelle am längeren Teil das Seil aufdreht und das kurze Ende durchzieht. Das wiederholt man drei oder viermal im Abstand von 2 oder 3 cm. Das hält hundertprozentig, eignet sich aber nicht zum häufigen Verändern, weil es relativ aufwendig ist und das Seil an den entsprechenden Stellen bald ausleiert.

10. AUSRÜSTUNG

Hanf und Sisal sind natürliche Materialien, die entsprechend auf Schmutz und Feuchtigkeit reagieren. Trotzdem sind sie für die leichte Zugarbeit durchaus geeignet.

Um dem Pferd ein unangenehmes oder gar schmerzhaftes Reiben der Stränge zu ersparen, gibt es den so genannten **Strangschutz**. Das sind Hüllen, die über die Stränge gezogen werden, um das Pferd zu schützen. Sie können aus Leder, stabilem Segeltuch o. Ä. sein. Man kann sie aber auch für ein paar Pfennige im Baumarkt erstehen – Isolierhüllen für Wasserrohre. Grau und unscheinbar, aber praktisch und preiswert!

Auch bei den Strängen empfiehlt sich eine gründliche Überprüfung der Belastbarkeit!

Pferde nehmen es einem übel, wenn ihnen bei einer entsprechenden Kraftanstrengung die Zugstränge um die Ohren fliegen! Besonders lederne Zugstränge von älteren Geschirren sollten auf ihr »Verfallsdatum« hin getestet werden. Oft sehen sie – wie die Geschirre – noch recht gut aus, sind aber über die Jahre brüchig geworden und halten im Höchstfall noch eine Hose ...

Longe, Fahrleine und Arbeitsleine

Um die Verwirrung für den Laien perfekt zu machen, gibt es auch noch bei den Leinen unterschiedliche Varianten.

94

10. Ausrüstung

Die **Doppellonge** aus Zügel-(Gurt-)Material hat meist den Nachteil, dass sie weder einen Wirbel in der Mitte besitzt, um sie auszudrehen, noch kann man sie auseinander schnallen. Mit einer Länge von 15 m und einer Breite von 2,5 cm ist es nicht immer leicht, die »Überlänge« sicher in der Hand zu verwahren.

Die **Fahrleine** ist in der Regel aus **Leder** gefertigt. Sie hat eine Länge von 12 m und kann in der Mitte auseinander geschnallt werden. Leder hat ein größeres Eigengewicht als Gurtmaterial und Sisal (Hanf) und liegt entsprechend schwerer in der Hand. Bei starkem Seitenwind wirkt sich das Gewicht allerdings wieder positiv aus.

Leder ist pflegebedürftig und wird bei nassem Wetter gern rutschig!

Arbeitsleinen sind mit ca. 15 m länger als Fahrleinen und in der Regel aus **Hanf bzw. Sisal**. Dieses Material ist sehr kostengünstig und liegt wegen des geringen Gewichts und der hohen Grifffestigkeit gut in der Hand. Problematisch ist für den Neueinsteiger nur die ungewohnte Länge, in der man sich gerne verfängt, aber auch hier macht Übung den Meister.

Leinen aus Kunstfaser sind mit Vorsicht zu genießen, sie können sehr rutschig und damit riskant sein! **Baumwolle** wiederum dehnt sich zu stark – da kann es passieren, dass man die Leine annimmt und das Pferd dennoch in eine andere Richtung geht …

Die Wahl von *Länge und Material der Leine* sollte nicht nur von *Zweck und Geschmack* abhängig gemacht werden, sondern auch *von der Größe der Hände*, die diese Leine halten sollen. Für kleine Hände (z. B. Kinder) bieten sich Leinen aus schmalem Zügelmaterial an – man kann sie beim Sattler individuell in Länge, Breite und meist sogar Farbe anfertigen lassen.

Auch die *Größe des Pferdes* sollte bei der Leinenwahl beachtet werden. Ein K-Pony mit einer schweren Lederleine zu arbeiten, sieht nicht nur unschön aus, man hat auch von vornherein zu viel Gewicht auf dem Gebiss und zu viel Meter Leine in der Hand. Eher kann man ein Kaltblut mit einer dünnen Leine fahren als ein Shetty mit einer Großpferdeleine …

Gebisse

Braucht man zum Arbeiten mit Pferden eine andere Zäumung? Wer mit **Wassertrense** (einfach oder doppelt gebrochen) oder **Snaffle-Bit** reitet, kann dabei bleiben. **Reitkandaren** wie das Roller-Bit bzw. das Tellington-Bit und Westernkandaren aller Ausführungen *eignen sich zum Arbeiten mit Pferden nicht!* Kandarenzäumung in der Reiterei ist nur zur Impulsgebung gedacht, noch dazu mit meist leichter Anlehnung.

Die Anzüge der Kandare bedingen – je nach Länge – eine entsprechend scharfe Hebelwirkung im Pferdemaul. Dieses Gebiss gehört nur in die Hände eines erfahrenen und einfühlsamen Reiters. Durch den langen Kommunikationsweg beim Arbeiten mit Pferden – sprich der langen Leine, an der das Pferd geführt wird – können die Signale nicht mehr mit der nötigen Präzision und dem feinen Einfühlungsvermögen vermittelt werden.

Eine **Fahrkandare** ist etwas anderes als eine Reitkandare: Durch mehrere Verschnallungsmöglichkeiten der Leine kann ihre Wirkung von weich über mittel bis scharf variiert werden. In der Regel sind die Anzüge kürzer als bei der Reitvariante.

Leder- und Gummigebisse können, wenn das Pferd sie kennt und akzeptiert, bedenkenlos eingesetzt werden, solange man sich auf eingezäuntem Terrain befin-

10. Ausrüstung

Fahrkandaren und -trensen

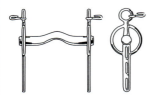

1. Liverpool-Kandare (mit festem, starrem Gebiß und Zungenfreiheit)

5. Liverpool-Gebiß mit Trensenmundstück und Kinnkette

9. Doppelringtrense (auch mit gezacktem Außenring - Esterhazy - Juckertrense - oder mit ungebrochenem Gummimundstück zugelassen)

2. Liverpool-Kandare (Pumpgebiß)

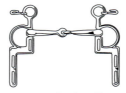

6. Ellbogen-Gebiß mit Trensenmundstück und Kinnkette

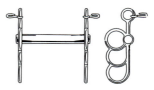

10. Post-Kandare (auch mit gebrochenem Mundstück zugelassen)

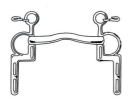

3. Ellbogen-Kandare (offen oder geschlossen, mit festem oder beweglichem Gebiß und beliebiger Zungenfreiheit)

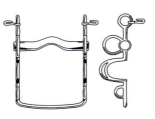

7. Buxton-Kandare (auch mit gebrochenem Mundstück zugelassen)

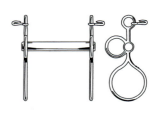

11. Post-Kandare (auch mit gebrochenem Mundstück zugelassen)

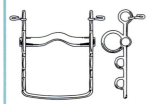

4. Tilbury-Kandare (auch mit gebrochenem Mundstück zulässig)

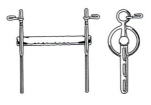

8. Liverpool-Kandare mit geripptem und geradem Mundstück

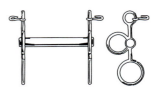

12. Post-Kandare (auch mit gebrochenem Mundstück zugelassen)

10. Ausrüstung

det. Auf öffentlichen Wegen und im Straßenverkehr sind sie aber ein Sicherheitsrisiko, das einem im Falle eines (hoffentlich nicht geschehenden) Unfalls von der Versicherung übel angekreidet werden kann!
Wer sich dennoch »weich gezäumt« in der Öffentlichkeit bewegen will, sollte sich von der Versicherung dieses »Risiko« ausdrücklich schriftlich bestätigen lassen.

Gleiches gilt für gebisslose Zäumungen. Mag das Pferd noch so sensibel auf die kleinste Parade und die Stimme reagieren, im Ernstfall hat man mit größter Wahrscheinlichkeit den „Schwarzen Peter". Ob es an aus der traditionellen Reitkultur erwachsenen Vorurteilen liegt, dass gebissloses Reiten als Risiko angesehen wird, oder an der mangelnden Phantasie einiger Leute, sei dahingestellt. Wer mit seinem Pferd ohne Gebiss arbeitet, tut dies in der Regel mit Erfahrung und Verantwortung, was aber eine Haftpflichtversicherung im Schadensfall wenig interessiert.

Fahren und Arbeiten ohne Gebissstück sollte – außer auf eingefriedeten Plätzen – generell unterbleiben!

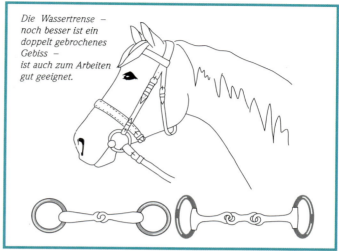

Die Wassertrense – noch besser ist ein doppelt gebrochenes Gebiss – ist auch zum Arbeiten gut geeignet.

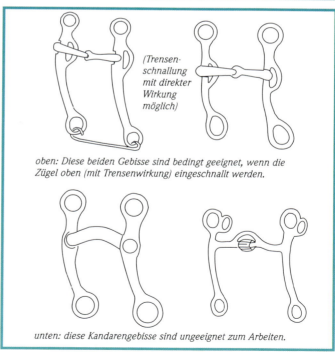

(Trensenschnallung mit direkter Wirkung möglich)

oben: Diese beiden Gebisse sind bedingt geeignet, wenn die Zügel oben (mit Trensenwirkung) eingeschnallt werden.

unten: diese Kandarengebisse sind ungeeignet zum Arbeiten.

11. Sicherheit

11. Sicherheit

Aufgepasst!

Sicherheitsvorkehrungen und Unfallverhütung.

Wie beim Reiten sollte man auch beim Arbeiten mit Pferden bestimmte Sicherheitsvorkehrungen treffen: So sollte man stets auf Hände und Füße achten und (gerade) mit wachsender Routine nicht leichtsinnig werden!

Unfallschutz fängt bei der Kleidung an.

11. SICHERHEIT

DAS RICHTIGE „HANDWERKSZEUG"

Eine durch die Hand gezogene Leine gibt hässlichen „Strickbrand", wie man so schön sagt: Brandwunden, die gemein weh tun und schlecht verheilen. Außerdem lässt man meist in einem solchen Fall vor Schreck und Schmerz die Leine los, was nicht zu empfehlen ist. Auch beim An- und Abhängen der Last können die Hände verletzt werden. Also: Handschuhe tragen! Reithandschuhe reichen vollkommen aus.

Immer Handschuhe tragen!

Mit leichtem Schuhwerk sollte man grundsätzlich nicht ans Pferd gehen – zur Arbeit mit Pferden bieten sich feste halbhohe Schuhe, mit denen man gut zu Fuß ist, an. Reitstiefel sind meist nicht so geeignet, weil sie am Boden oft unbequem zu tragen sind. Bei Schnürschuhen ist darauf zu achten, die Bänder ordentlich zu sichern, sonst fällt man womöglich über ein offenes Schuhband ...

Auch festes Schuhwerk ist unerlässlich!

Alle Kleidungsstücke sollten robust, wetterangepasst und nicht zu weit sein. Schlabberige Hosenbeine und Jackenärmel verfangen sich gerne im Geschirr oder im Gerät! Bei Regen und Wind keine Kapuze tragen, lieber eine Mütze oder einen festen Hut. Muss man nämlich den Kopf drehen, um zu sehen, was hinter einem passiert, blickt man bei einer Kapuze ins Dunkle!

Weitere Grundregeln

Niemals über Zugstränge, Ortscheit oder Gerät treten!
Über Stangen oder kleine Stämme darf man ausnahmsweise auch einmal hüpfen, sollte aber nie in Versuchung geraten, sich auf den Stamm zu stellen oder sich gar in **Baumstamm-Surfing** (auf dem Stamm stehen und sich ziehen lassen) zu üben ... Selbst das bravste Pferd kann plötzlich antreten und dann hängt man im Gerät – so ist schon mancher böse Unfall passiert!

Leichtsinn aus Unerfahrenheit oder Routine ist eine der häufigsten Unfallursachen!

Wenn lange Zeit alles gut geht, neigt man schnell dazu, die Sicherheitsvorkehrungen zu vernachlässigen.

Auf die Finger achten!
Auf keinen Fall darf man die Finger in Schlaufen oder Ösen stecken, das muss man sich konsequent anerziehen. Alle Befestigungen rund ums Pferd sind ferner so anzubringen, dass sie im Notfall schnellstens zu öffnen sind!

Immer ein Messer und ein Stück Strick mitnehmen!
Erfahrene Fuhrleute (und FahrerInnen) tragen stets ein Messer bei sich, damit man schlimmstenfalls das Pferd (oder sich selbst) aus dem Geschirr schneiden kann. Und mit einem Stückchen Strick (Pressband, Bindfaden o.Ä.), das man aus der Hosentasche zieht, kann auf der Stelle etwas notdürftig geflickt und zusammengehalten werden ...

Bei den ersten Übungen merkt man rasch, dass die eigene Beobachtungsgabe nicht nur bezüglich des Pferdes sondern auch des „Eigenlebens" der Zuglast ganz anders gefordert ist als z.B. beim Reiten. Wird das Pferd nur mit Stimme und Leine gelenkt, muss es kontinuierlich

11. SICHERHEIT

beobachtet werden. Schrecksituationen mit panischer Reaktion des Pferdes können in der Regel vermieden werden, wenn die Gefahr rechtzeitig erkannt wird.

**Nie das Pferd
aus den Augen lassen!**
Ohren und Körperhaltung spiegeln den Gemütszustand des Pferdes. Wer in kritischen Momenten mit aller Gewalt das Pferd »bei der Stange« halten will und meint, Durchsetzungsvermögen beweisen zu müssen, liegt hier ziemlich falsch. Ungehorsam und natürliche Furcht vor Unbekanntem sind zwei sehr verschiedene Dinge! Wenn es ungemütlich wird, rollt man die Leine in der Hand auf, geht nach vorn zum Pferd und spricht ihm beruhigend zu. Das stärkt das Vertrauen des Pferdes und auch seine Sicherheit.

Will man (gelegentlich) außerhalb seines eigenen Grundstückes mit dem Pferd arbeiten, sollte man bei seiner Pferdehaftpflicht-Versicherung nachfragen, ob diese Pferdenutzung mitversichert ist. Wenn ja, auf jeden Fall schriftlich bestätigen lassen. Ansonsten sollte zusätzlich ein Kutschfahrtrisiko (oder land- und forstwirtschaftliche Nutzung) vereinbart werden.

101

12. Veranstaltungen

Wettbewerb: Pony beim Stammziehen.

12. VERANSTALTUNGEN

Teilnahme an Veranstaltungen

Zeigen, was man kann.

Wer bei der Arbeit mit seinem Pferd oder Pony auf den Geschmack gekommen ist, möchte vielleicht auch einmal bei einer Veranstaltung demonstrieren, dass man mehr kann als „nur" reiten oder fahren!

12. Veranstaltungen

Was kann man vorführen?

Fast jeder Reitverein oder jede Stallgemeinschaft organisiert zumindest einmal im Jahr ein eigenes Fest mit den Pferden. Bei einer solchen Gelegenheit ist es immer nett, außergewöhnliche Vorführungen darzubieten.

Bei Reit- und Springturnieren ist es sehr auflockernd (und publikumsfreundlich), in den Pausen die Reitplätze mit dem Pferd statt mit dem Trecker zu schleppen (zu ebnen)! Die Arbeit ist – bei entsprechender Übung – ebenso schnell und ordentlich erledigt wie mit der Maschine. Und viel interessanter anzusehen!

Als Schaueinlage bietet sich auch ein „Slalom-Schleppen" an: Eine Stange von 3 bis 4 m Länge wird durch eine Reihe von Kegeln gezogen, wobei natürlich keiner angerempelt werden darf! Man kann z.B. Tennisbälle auf den Kegeln platzieren, die bei Berührung herunterfallen. Geschicklichkeits-Wett-Schleppen ist ebenfalls spannend, denn hier kommt es weniger auf die Körperkraft als vielmehr auf die Teamarbeit von Pferd und Pferdeführer an!

Besonders interessant sind solche Vorkehrungen mit Pferden, die sonst hauptsächlich als Reitpferde bekannt sind. Hier kann man einmal demonstrieren, wie vielfältig Pferde einsetzbar sind!

Auch ein Auftritt mit der indianischen Schleppe beeindruckt die Zuschauer meist sehr, besonders in Kombination mit Westernvor-

Fahren vom Boden über Wippen, Brücken, Planen oder durchs Labyrinth ...

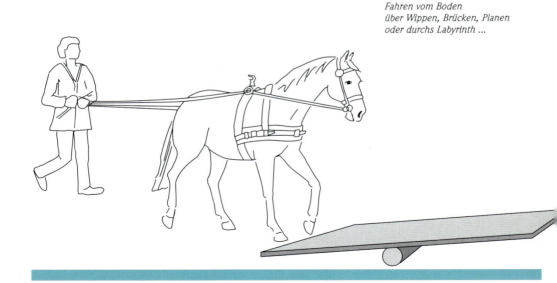

12. Veranstaltungen

Vorführungen mit dem Heuwender – nur für Fortgeschrittene.

führungen von Groß und Klein! Das Fahren im Trailparcours ist eine Turnieraufgabe, die leider noch recht wenig bekannt ist. Gegenstände vom Sattel aus zu ziehen, ist inzwischen Bestandteil fast jedes Trailturniers, das Fahren durch die Geschicklichkeitshindernisse vom Boden aus aber noch nicht. Dabei sind besonders die höheren Schwierigkeitsgrade wie über die Brücke, über die Wippe oder gar durch das „Labyrinth" zu fahren nicht nur eine lohnende Übung, sondern auch – bei guter Ausführung – ein Augenschmaus für Richter und Publikum!

Vor solchen Vorführungen ist man naturgemäß ziemlich aufgeregt, was sich auch auf das Pferd überträgt. Wer dieses Problem kennt, sollte mindestens drei Tage vorher sich selbst und das Pferd mit Bach-Blüten (Notfalltropfen) behandeln. Das wirkt oft Wunder!

Merke: Zu Turnieren und Veranstaltungen wird man immer nur mit ausreichendem Versicherungsschutz zugelassen!

13. ADRESSEN

Anhang

Adressen.

Literatur.

13. Adressen

Interessenvertretung Fuhrleute

Die Interessenverbände arbeiten international zusammen und führen einen regen Erfahrungsaustausch.

Schweiz
Interessengemeinschaft Arbeitspferde – Schweiz (IGA)
Nicolas Salzgerber
CH-7243 Pany/Graubünden
Tel.: 081 332 35 36

Jacob Frei
Im Margel
CH-8934 Kronau

Die IGA besteht seit 1992. Ihr Ziel ist es, dem Arbeitspferd in der Land- und Forstwirtschaft wieder zu einem höheren Stellenwert zu verhelfen. Etwa die Hälfte der Mitglieder sind aktive Bauern, es finden sich aber auch Schlosser, Landmaschinenmechaniker, Sattler und Tierärzte in ihren Reihen.

Koordinierungsstelle Pferdeeinsatz im Wald
CH-7243 Pany/Graubünden
Tel./Fax: 081 332 35 36

Österreich
Die »Arbeitsgemeinschaft« übernimmt in Österreich zur Zeit die Aufgaben einer IG Arbeitspferde, die aktuell noch nicht als solche besteht:

Arbeitsgemeinschaft der Norischen Pferdezuchtverbände
A-5751 Mayrhofen 96
Tel.: 0 65 42 / 6 82 32

Deutschland
Interessengemeinschaft Zugpferde in Deutschland (IGZ)
- Bundesgeschäftsstelle -
Dr. Reinhard Scharnhölz
Altenkirchener Straße 3
D-53773 Hennef-Uckerath
Tel./Fax: 0 22 48 / 10 34

Die Ziele der IGZ sind:

▬ die vielfältigen Einsatzmöglichkeiten des Zugpferdes aufzuzeigen,

▬ neue Wege des Einsatzes zu erproben und zu finden und damit u.a. umweltschonende Wege in der Stadt- und Landschaftspflege zu gehen,

▬ die Entwicklung moderner pferdegezogener Geräte und Fahrzeuge zu fördern und damit die Effizienz des Pferdeeinsatzes zu steigern,

▬ für Betriebe, die mit Zugpferden arbeiten, Existenzmöglichkeiten (und den Erfahrungsschatz alter Fuhrleute) zu erhalten und diese zu unterstützen,

▬ in der Öffentlichkeit den Pferdeeinsatz als Beitrag zum Umweltschutz bekannt zu machen,

▬ Regeln für die speziellen Erfordernisse des fuhrmäßigen Einsatzes und des Fahrens vom Boden (Landwirtschaft, Forst) festzulegen und auf einen »Führerschein« für Arbeitsgespanne hinzuarbeiten.

▬ Der Verein widmet sich der Erhaltung wertvollen Kulturguts, das die Zugtierverwendung und den noch vorhandenen traditionellen Erfahrungsschatz darstellt.

▬ Es wird eine aktive Förderung von Jugendlichen und Nachwuchskräften betrieben, deren Ausbildung und ihre Beziehung zu den Zugtieren gefördert.

Ansprechpartner für die einzelnen Bundesländer sind über die Geschäftsstelle zu erfahren.

Allgemeine Adressen

Deutsche Reiterliche Vereinigung e.V. (FN)
Freiherr-von-Langen-Straße 13
D-48231 Warendorf
Tel.: 0 25 81 / 63 36 20
Fax: 0 25 81 / 6 21 44

Vereinigung der Freizeitreiter/-innen in Deutschland e.V. (VFD)

107

13. Adressen

Verband der Gelände-,
Wanderreiter und -fahrer
Am Bauernwald 5b
D-81739 München
▬ Regionale Verbände
mit Ansprechpartnern.

Unfallverhütung/
Verkehrssicherheit

Deutsche Reiterliche Vereinigung
e. V. (FN)
(Adresse siehe oben)

Berufsgenossenschaft für
Fahrzeughaltungen
- Technischer Aufsichtsdienst -
Max-Brauer-Allee 44
D-22765 Hamburg

Dekra AG
Schulze-Deletzsch-Straße 49
D-70565 Stuttgart
Tel.: 07 11 / 78 61-0

Verband der technischen Über-
wachungsvereine e. V. (VdTÜV)
Kurfürstenstraße 56
D-45138 Essen
Tel.: 02 01 / 89 87-0

RGV Büro für Verkehrssicherheit
Wollgrasweg 12
D-26316 Varel
Tel.: 0 44 51 / 86 13 93
Fax: 0 44 51 / 86 23 12

Ausbildung
und Korrektur

Fahren lernen
Jede/r Fahrwart/in FN oder VFD,
Liste anfordern!

Pferde einfahren und Ziehen
lernen:
Nach klassischer Methode:
Jeder Fahrstall.
Zusätzliche Adressen bei den
Interessengemeinschaften f.
Zugpferde bzw. Kaltblüter
erfragen!

Nach der Tellington-Methode:
Gine Willrich
Lange Straße 53
27305 Bruchhausen-Vilsen

Holzrücken lernen
Koordinierungsstelle
Pferdeeinsatz im Wald
(Adresse siehe oben)

Landesanstalt für Ökologie,
Bodenordnung und Forsten
Sachgebiet Waldarbeitsschule
(NRW)
Alter Holzweg 93
D-59755 Arnsberg
Tel.: 0 29 32 / 9 81-0
Fax: 0 29 32 / 9 81-33

Sonstige Adressen bei den
Interessengemeinschaften
Zugpferde bzw. Kaltblüter
erfragen!

14. Literatur

Literaturverzeichnis

BERUFSGENOSSENSCHAFT FÜR FAHRZEUGHALTUNGEN (Hrsg.):
Unfallverhütung in der Pferdehaltung.
Glückstadt 1993

BLENDINGER, WILHELM:
Psychologie und Verhaltensweisen des Pferdes.
Berlin/Hamburg 1987,
5., durchges. Aufl.

BRUNS, URSULA/TELLINGTON-JONES, LINDA:
Die Tellington-Methode: So erzieht man sein Pferd.
Zürich 1985

BUHLE, PAUL:
Das Zugpferd und seine Leistungen. Stuttgart 1923, Reprint

DEUTSCHE REITERLICHE VEREINIGUNG e. V. (Hrsg.):
Richtlinien für Reiten und Fahren.
Bd. 4, Haltung, Fütterung, Gesundheit und Zucht.
Warendorf 1999,
9. Aufl.

DIES./DEKRA AG/VdTÜV (Hrsg.):
Richtlinien für den Bau und Betrieb pferdebespannter Fahrzeuge. o.O., o.J.
(Bezugsquelle: „FN")

GERDES, ARTHUR: Sicherheit und Unfallverhütung im Straßenverkehr – Gespannfuhrwerke und Pferde.
Varel 1994
(Bezugsquelle: R. Gerdes, Tel.: 0 44 51 / 41 67)

KILEY-WORTHINGTON, MARTHE:
Pferdepsyche – Pferdeverhalten.
Cham, 1993, 2. Aufl.

KOCH, MICHAEL:
Traditionelles Arbeiten mit Pferden in Feld und Wald.
Stuttgart 1998

SPRINGORUM, BERND:
Hinweise zum Konditionstraining für Military-Pferde.
Warendorf 1986

TELLINGTON-JONES, LINDA/ TAYLOR, SYBIL:
Die Persönlichkeit Ihres Pferdes.
Stuttgart 1995

WILLRICH, GINE:
Kaltblutpferde.
Dicke Freunde – starke Typen.
München 1999

15. Die ethischen Grundsätze

Grundsatz Eins
Wer auch immer sich mit dem Pferd beschäftigt, übernimmt die Verantwortung für das ihm anvertraute Lebewesen.

Grundsatz Zwei
Die Haltung des Pferdes muß seinen natürlichen Bedürfnissen angepaßt sein.

Grundsatz Drei
Der physischen wie psychischen Gesundheit des Pferdes ist unabhängig von seiner Nutzung oberste Bedeutung einzuräumen.

Grundsatz Vier
Der Mensch hat jedes Pferd gleich zu achten, unabhängig von dessen Rasse, Alter und Geschlecht sowie Einsatz in Zucht, Freizeit oder Sport.

Grundsatz Fünf
Das Wissen um die Geschichte des Pferdes, um seine Bedürfnisse, sowie die Kenntnisse im Umgang mit dem Pferd sind kulturgeschichtliche Güter. Diese gilt es zu wahren und zu vermitteln und nachfolgenden Generationen zu übermitteln.

15. Die ethischen Grundsätze

Grundsatz Sieben
Der Mensch, der gemeinsam mit dem Pferd Sport betreibt, hat sich und das ihm anvertraute Pferd einer Ausbildung zu unterziehen. Ziel jeder Ausbildung ist die größtmögliche Harmonie zwischen Pferd und Mensch.

Grundsatz Sechs
Der Umgang mit dem Pferd hat eine persönlichkeitsprägende Bedeutung gerade für junge Menschen. Diese Bedeutung ist stets zu beachten und zu fördern.

Grundsatz Acht
Die Nutzung des Pferdes im Reit-, Fahr- und Voltigiersport muß sich an seiner Veranlagung, seinem Leistungsvermögen und seiner Leistungsbereitschaft orientieren. Die Beeinflussung des Leistungsvermögens durch medikamentöse sowie nicht pferdegerechte Einwirkung des Menschen ist abzulehnen und muß geahndet werden.

Grundsatz Neun
Die Verantwortung des Menschen für das ihm anvertraute Pferd erstreckt sich auch auf das Lebensende des Pferdes. Dieser Verantwortung muß der Mensch stets im Sinne des Pferdes gerecht werden.

Herausgeber:
„Die ethischen Grundsätze des Pferdefreundes" wurden 1995 von der Deutschen Reiterlichen Vereinigung (FN) erarbeitet und vom Verbandsrat verabschiedet.

Know-how für die Pferdepraxis

Gine Willrich
Kaltblutpferde
Der praktische Umgang mit Kaltblutpferden verschiedener klassischer Zugpferderassen: Rassemerkmale, Kauf, Gesundheit, Pflege, Haltung, Ausbildung, Ausrüstung usw.

BLV Pferdepraxis
Hartmut Erbe
Das Fahrerabzeichen leicht gemacht
Voraussetzungen für das sichere Fahren von Pferdegespannen: alle Anforderungen für die verschiedenen Arten des Fahrerabzeichens sowie die theoretische und praktische Prüfung.

Jackie Budd
Pferde besser verstehen
Die Natur des Pferdes besser verstehen – Basis für eine gute Beziehung zwischen Mensch und Pferd: Instinktverhalten und Evolution des Pferdes, Charakterzüge und Verhaltensweisen, Lernverhalten, Intelligenz und Ausbildung.

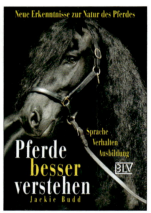

John Hickman
Der richtige Hufbeschlag
Geschichte des Hufbeschlags, Anatomie und Physiologie des Hufs, Werkzeuge, verschiedene Hufeisentypen, Methoden des Hufbeschlags und der Hufpflege.

Karen E. N. Hayes
Kursbuch Pferdekrankheiten
Der sichere Weg zur schnellen Hilfe: mit den Aktionsplänen alle Symptome, Erkrankungen und Verletzungen beim Pferd sicher diagnostizieren und behandeln.

Kerstin Diacont
Bodenarbeit mit Pferden
Alle Aspekte der Bodenarbeit vom psychologischen Grundwissen über das Pferdeverhalten bis zur Ausbildungsanleitung mit Übungen aus den Bereichen Dressur und Westernreiten sowie Beispielen zur Korrektur verrittener Pferde.

Im BLV Verlag finden Sie Bücher zu den Themen: Garten und Zimmerpflanzen • Natur • Heimtiere • Jagd und Angeln • Pferde und Reiten • Sport und Fitness • Wandern und Alpinismus • Essen und Trinken

Ausführliche Informationen erhalten Sie bei:
BLV Verlagsgesellschaft mbH • Postfach 40 03 20 • 80703 München
Tel. 089 / 12705-0 • Fax 089 / 12705-543 • http://www.blv.de